意义

成功与财富的原点与终点

刘东华 ◎ 著

机械工业出版社

CHINA MACHINE PRESS

图书在版编目（CIP）数据

意义：成功与财富的原点与终点 / 刘东华著 . —北京：机械工业出版社，2024.1（2024.4 重印）

ISBN 978-7-111-75098-7

Ⅰ. ①意… Ⅱ. ①刘… Ⅲ. ①企业经济－研究－中国 Ⅳ. ① F279.2

中国国家版本馆 CIP 数据核字（2024）第 017737 号

机械工业出版社（北京市百万庄大街 22 号 邮政编码 100037）
策划编辑：白 婕 责任编辑：白 婕 张 昕
责任校对：潘 蕊 梁 静 责任印制：张 博
北京联兴盛业印刷股份有限公司印刷
2024 年 4 月第 1 版第 2 次印刷
170mm×230mm・22.75 印张・1 插页・257 千字
标准书号：ISBN 978-7-111-75098-7
定价：79.00 元

电话服务 网络服务
客服电话：010-88361066 机 工 官 网：www.cmpbook.com
010-88379833 机 工 官 博：weibo.com/cmp1952
010-68326294 金 书 网：www.golden-book.com
封底无防伪标均为盗版 机工教育服务网：www.cmpedu.com

蔡 磊　陈春花　陈东升　陈向东　陈越光
丁立国　邓 锋　刁志中　樊 登　冯 仑
宫玉振　何志毅　胡葆森　黄宏生　黄怒波
江南春　蒋锡培　金惟纯　李成才　李东生
李连杰　李书福　连 辑　刘汉元　刘积仁
刘庆峰　龙永图　罗振宇　吕思清　马未都
马蔚华

借着《意义》
说意义

茅忠群　宁高宁　牛根生　彭凯平　钱颖一
秦 朔　曲向东　宋志平　田溯宁　田 源
王潮歌　王 林　王若雄　王 石　王梓木
汪建国　夏 华　徐井宏　徐永光　杨 鹏
易中天　俞敏洪　张瑞敏　张树新　张维迎
张文中　张 勇　张 跃　张肇麟　周其仁
朱 民

详细了解请见推荐序及赞誉（详见307~345 页）

意义不可不讲

东华把他的书取名为"意义"，这让我很吃惊。因为意义这件事很虚无，不容易说清楚。对事情不仅说它的得失，不仅说它的成败，还偏要说这事有啥意义，也就是除了事情本身目的的达成，还要说事情更高层面的是非、信仰、道德、理想等精神性和持久性的东西。哈哈，我觉得现在这样的人不多，这样的人要么很纯真无邪，要么思想深邃，是个哲学家。为什么东华把书名定为"意义"，这可能要到书里才能找到答案。

不过意义这个东西很讨厌，你不去管它，它会经常来烦你，特别是当你年龄大了，它就更会经常来困扰你。如果你衣食无忧，拥有一些财富或权力，意义的迷茫感更不会放过你。比如东华在书里大声地问了人生的意义，可见他是个大胆的人，因为这个问题的答案多到让你觉得它没有答案。东华想用他的观察和思考来回答这样的问题，那一定是一个很丰富的旅程。

东华做过《中国企业家》杂志，后来又创办了正和岛，经历了从写企业、研究企业到自己创办和管理企业的过程。东华的不同在于，当他的企业规模还很小的时候，围在他周围的却都是很有规模、很有名气的大企业，通常来讲，他视线中和他经常接触的人应该给了他足够的刺激和诱惑让他努力追求财富目标而不是意义，可是他没有，他一直把"先问是非，再论成败"当成他的第一原则。看来做好企业和讲好意义、讲好原则应该是一体的。

谈论意义可以是经历风雨后的反思升华，也可以是思考认知的起点。有些事儿讲不清意义做起来就没有后劲，不持久。做人和做企业都是一样的。有人说人生是虚无的，因为很短暂。有人说人生没有意义，因为宇宙天体都没有意义。但人这种生物他就是可以在短暂的一生中创造物质，创造精神，影响众人，改变世界。短暂可以变成长久，个体可以带动四方。如果人在不同程度上超出了单独的物质生命体，能量辐射范围更广，其行为自然就被赋予了意义。

　　东华在书中写了几位企业家，改革开放 40 多年来，可以说中国企业家群体的努力改变了中国。中国的企业家幸运地遇上了大时代，也经历了惊涛骇浪的挑战。无论成败，他们带给这个社会的都不仅仅是物质财富，他们是一群典型的人生意义的追求者。在可以度量的财富之外，国家的进步、文明的昌盛、生命的丰盈都在商业和市场的推动下持续发展。现在回头看，经过多次变局的洗礼和考验后，什么样的企业生存且蓬勃成长了？答案已经很显然了，是讲意义的企业、讲原则的企业、讲是非的企业、讲道德的企业、讲良知的企业、讲底线的企业、讲长久的企业、讲专业的企业、讲变革的企业、讲企业本质的企业，这些都是东华书里所讲到的。我觉得很有意义！

宁高宁
中国中化控股有限责任公司原党组书记、原董事长
2023 年 10 月

推荐序二

探寻人生的意义

东华兄从领导《中国企业家》到创建中国企业家俱乐部，再到创办正和岛，在改革开放 40 多年里，他二三十年一直在坚持做一件事——为企业家服务。同时，记者出身的他通过观察中国企业家，见证了中国企业家个人经历的起落、挣扎和奋进，也见证了中国经济腾飞的时代历程。他自己本身也是一个企业家，聊起天来常常手舞足蹈，充满激情，他做的正和岛，也是希望"将那些愿意通过走正道追求成功的力量汇聚起来，不断延伸和放大"。

这本《意义》正是东华在中国企业发展舞台的第一排见证了中国企业界的沉浮兴衰后，对企业的意义、个体人生的意义的一次探究和总结，东华认为：

1）企业的意义在于通过商业的价值创造，追求组织价值的最大化——"生命价值的最大化一定是通过给别人、给世界、给未来创造价值才可能实现，而如果你想给别人、给世界、给未来创造价值，一定需要长期主义，一定需要你长时间地积累和修炼"。

2）个人生命的意义在于，不断创造价值，尽全力创造深刻、丰富的生命体验。

处在今日的世界，寻求事业和人生的意义显得尤为重要。近半个世纪，中国国富民强，经济、科技、军事一路高歌猛进，彰显大国风范。但是长久的安定繁荣让我们忘记了，从人类历史长河看，稳定、安宁并不是常态。今天的世界，我们早已习惯的现世安稳被外界的疾病、战事打乱，大家渐渐了解凡事不再只有上升这一个方向。我们曾经熟悉的、笃信的很多东西开始变得陌生。在悠然享受着国家带给我们的安定，把高速发展当作必然的时候，我们，与变动的世界狭路相逢。

当外界变得不再可控、不可预期，寻求事业价值，寻找个体自身的意义，构建内心平和的小秩序就显得尤为重要。更多的人开始向内审视自己：我们为什么努力地活着？人生的意义到底是什么？

东华在这本书里，通过自身的思考和身边各类企业家朋友的案例，试图找到意义的答案。他自己"尽全力创造深刻、丰富的生命体验"这一点也让我想到了喜欢的作家毛姆，他也是生命体验派：尽全力创造价值，尽全力感受人生。

其实任何一个有责任感的企业家，都是生命的冒险家和体验派。这本书里提到的很多的企业家也是我的朋友。做企业好似夜间行山路，向前的路总是充满黑暗、布满荆棘，没有人可以给我们地图和攻略。大家个个手持火把，带领一帮兄弟姐妹摸索前行。但无论前路多么艰险，每当抬起头，头顶的那颗北极星总能给我们坚持的力量，指引我们去创造价值，开拓无限可能。

很多时候，失败其实只是一个过程，不是结局。成功给你荣誉，失败却会送你智慧。我所知道的成功的企业，没有哪一个始终一帆风顺，都是在磕碰中学习避险，在划行中学习游泳。给我们留下最多回忆的，是那些走在泥泞中的痛苦和走出泥泞后的自省与自豪。没有品尝过创业的巨大痛苦和巨大幸福，是无法感受这种生命体验的。

如此一生，经过年少轻狂，经过百转千回，经过热烈盲目，经过自我怀疑，经过义无反顾，经过爱与被爱，经过背叛悔恨，经过相逢一笑、灯火阑珊处……这一路成就了热烈的一生。让我们记住汪曾祺先生的话吧："人生如梦，我投入的却是真情。世界先爱了我，我不能不爱它！"

谨以此文送与东华兄。

俞敏洪

新东方教育科技集团创始人

2023 年 10 月

什么是意义

在我看来，意义就是每个人自我定义的活着的理由。这个理由可以是单纯的生命体验，可以是爱与责任，也可以是"有限"对"无限"的追求与超越。

定义了就要去验证、去实现，因此，人生就是一个由每个人自己定义意义、自己实现意义，自己提出理由、自己兑现理由的过程。不同的意义驱动着完全不同的人生。

有人会说，这个世界本来就不是我想来的，我也不相信什么意义，更不会给自己定义意义，不是照样可以活着？首先，有没有意义支撑和牵引，生命的"活法"肯定不一样，这决定了一个人是否真正地"活过"；其次，更可怕的可能还是"死法"的不同，包括告别这个世界时"怕死"与"不怕死"的区别。

为什么取名"意义"

记得我 20 岁大学毕业刚当记者的时候，通常意义上只要完成一个新闻事件的报道就算大功告成了，而我总要想一想这个新闻事件的发生意味着什么，背后还有什么被忽略的价值，还有哪些更深层次的意义没有被揭示出来，于是会习惯性地配一个"短评"或"随笔"，有时甚至会说服领导配一篇"评论员文章"，后来还自创了夹叙夹议的"评述式报道"。

大概正是因为自己身上的这种特质，当年才考取了中国社会科学院为《人民日报》评论部定向培养的研究生。后来阴差阳错到了《经济日报》评论部，正好有机会全身心投入到对经济政策和经济生活、对形形色色的企业和企业家的观察、报道和研究中去。这也为后来接手《中国企业家》、创办中国企业家俱乐部和正和岛打下了重要的基础。

在这里我要特别感谢机械工业出版社和正和岛的伙伴们的精心策划，推动了本书的编辑出版。把话题各不相同的文章、演讲用一个主题方向串起来，本来就是一件难度极大的事情，更何况素材来源贯穿了过去将近30年？好就好在无论是涉猎商业还是探讨人性，就事论理还是臧否人物，我的每篇文章、每次演讲，除了回应人们当时的核心关切，还一定会兼顾到内容本身的生命周期 —— 经得起时间检验的长远价值。因此，所有这些看似五花八门的不同内容，其实明里暗里都在指向一个对所有问题的底层叩问：意义？意义？意义？！

那么，今天的人类社会，是更趋向一个意义驱动的时代还是一个意义虚无的时代？是更需要一个意义驱动的时代还是一个意义虚无的时代？如果"趋向"和"需要"不一致甚至相反，我们应该怎么办？

为什么说这是一本"活书"

正常情况下，没有比探讨"意义"这个话题更容易自讨没趣的了，也很难找到哪个概念会比"意义"更能够让人体会老子那句"道可道，非常道；名可名，非常名"到底在说什么了。意义作为人类自古以来思考最多、纠结最多、最缺乏统一答案又最绕不过去的一个命题，可能只有哲学家、神学家和堂吉诃德才会紧咬不放，愿意与之死磕到底。

从这个意义上说，我还真有点像堂吉诃德，虽然"作战"的对象并非"风车"之类的假想敌，却始终没有放弃对生命意义、宇宙真理的追问，哪怕更多的时候只是提出问题或尝试性地回答问题，但追问是认真的、持续的、一以贯之的。我有时候甚至感到很奇怪：为什么很多人都说"人生本来就是苦的，快乐只是短暂和偶然的"，而我总觉得"人生大部分情况下都应该是快乐的，不快乐的时候就是给更大、更长远的快乐做准备的时候"？原来我一直不知道自己这种状态和想法的源头是什么，不知道自己虽历经千辛万苦、千难万险仍能以幸福快乐为生命基调的根因是什么，今天想来也许很简单，就是因为自己从未停止对生命意义的追问，始终主动以自我定义的意义做生命的驱动，并时常得到哪怕是阶段性意义的实现所奖励的"糖果"。

既然如此，我们也就不必担心以"意义"命题惊扰大家会自讨没趣或自讨苦吃了。没错，这里用的词就是"惊扰"，最好是对包括您在内的每一位读者去尽可能强烈地"惊扰"，惊扰到先是吓一跳，然后有些愤怒，最后被迫重拾意义、直面意义命题，认真审视一下自己的人生与意义的关系是否正常、是否健康、是否卓有成效。

看看宁高宁和俞敏洪为本书写的序吧，看看与死神赛跑、发誓要攻克渐冻症的蔡磊，穿越小我与大我、坚定追求无我和超越生死的李连杰，被称为"中国的稻盛和夫"、缔造出两个世界 500 强企业的宋志平，善于化腐朽为神奇、嬉笑怒骂皆成文章的王潮歌，着迷于灵魂与宇宙的关系、像"企业魔法师"一样屡创奇迹的李书福，帮助大家"活出心花怒放的人生"、第一个把积极心理学引入中国的彭凯平，让几万名绣娘走出大山、让世界看见中国的时尚态度和手工之美的夏华，从非电空调到"活楼建筑"，再到铝合金风电，只为造福人类和造福子孙而忙碌的张跃……看看这 60 多位各界杰出人士借《意义》简要道出的"意义观"吧；看看本书每篇文章后面，本人以作者身份提供给每一位读者的互动话题吧。看到所有这些，您就知道这本书是一本"活书"，就像"意义"这个命题一样必须是一个开放的系统、生长的系统，它不但不是作者一个人完成的，甚至是不可能完成的，只能不断丰富、持续生长下去，并用出版续篇、借助新媒体等方式把读者的价值创造吸收和吸纳，积淀和传播，让越来越多的人远离行尸走肉的生命状态，活得越来越有意义感，越来越有幸福感，并通过更大的价值创造让整个世界更美好。

打开《意义》，让我们把本无意义的人生变得充满意义。

目　录

05 是非与成败   127

自我

超越

从生命的品质和终极意义看，用的是长度类似的一次人生，有的人只活了"少半辈子"，有的人活了"半辈子""多半辈子"，有的人活出了完整的一辈子，还有一些人能用一次人生活出两辈子、三辈子的价值。最伟大的生命则可能用有限的生命活出无限的意义，用一辈子甚至未能善终的半辈子活出人类需要的千秋万代来。

01 自我与超越

人生经典四问^一

几年前，我在学习型中国论坛上发表了一次题为"做真正的自己"的演讲，反响之大超出预料。最近有网友在网络视频上发现那次演讲，看过多遍后给它起了一个新名字，叫"人生经典四问"。为了对得起这个名字，我把"四问"做一简单梳理以就教于大方之家，同时与更多朋友分享。

第一问：你知道你身上有着代表人类精神的伟大基因吗？

这话听起来很像一句可笑的大话、空话，其实不管是谁，只要静下心来认真思考一下自己自我意识觉醒的过程，就知道这句话的实在与分量了。小时候，我们刚开始有自我意识时，最大的困惑与恐惧之一就是不知道自己是谁，想弄清楚自己是谁。为什么后来没弄清楚就放弃了，也不再那么困惑与恐惧了呢？因为我们虽然没有弄明白自己是谁，却突然发现自己和别人一样，别人和自己也一样，自己既是父母撑起的小家庭的一员，又是人类大家庭的一员。一句话，我们不知道自己是谁，但"我和你们一样，我是一个人"是肯定的、不容置疑的。千万不要小看这个"发现"。"我和你们一样"，意味着我不是"丑小鸭"，不是你们中的

⊖　此文首次发表于《中国企业家》2009 年 7 月第 14 期。

"异类"，你们是谁我就是谁；"我是一个人"，则意味着自己身上具备着人之所以是人的 99% 以上的质的规定性，意味着人类这个族群的一切创造与荣耀都与自己相关，意味着自己是作为万物之灵长的人类一切共性与特征的承载者和体现者。如果你是一个"人"，真的是"人"的话，你能否认这一切吗？你愿意否认这一切吗？

第二问：你知道你是天才吗？

是的，说的就是你，因为别人已经知道他是了。你知道你也是，肯定是，一直是吗？大部分人不敢相信自己是天才，是因为没弄清"天才"指的是什么。我对天才的定义很朴素：天才就是有着与生俱来的特殊天分并能够给这个世界带来独特价值的人。朴素归朴素，很多人看了仍然会觉得自己与天才无缘：我有"与生俱来的特殊天分"吗？我能给这个世界带来"独特价值"吗？是的，你真的有，也肯定能。因为人类除了拥有 99% 以上的共性之外，每个人一定还拥有或多或少的"天资禀赋"，哪怕是 1%，0.1%，0.0001%。大的天才往往表现得像"神经病"，因此也特别容易被误解和牺牲掉；像你我这样一般的天才，表面看与常人无异，关键在于相信与证明，即相信父母赋予了自己卓尔不群、与众不同的东西，并在相信的前提下不顾一切地去证明，千方百计地把自己那与众不同的 0.0001% 变成带给这个世界的独特价值。当你相信你是的时候，你就已经是了；但只有当你证明了你是的时候，这个世界才会认为你真的是。

值得庆幸的是，你并不需要去证明你基因里沉淀着的、决定着你之所以是人的那 99.999%，而只要证明你之所以是你、之所以是张三李四的那 0.001%，证明你不但在享受人类的伟大福荫，而且能够为人类带来哪怕微不足道的一点点独特贡献、独特价值，你就已经是天才了。

第三问：你知道你在背叛自己吗？

长大以后，不知道还有多少人记得自己儿时的梦想，还在认真追逐这个梦想；不知道还有多少人能听到自己内心深处的呼唤，并坚定执着地响应这种呼唤。随着人生阅历的增加，我们似乎总有太多的理由嘲笑自己昨天的梦想，漠视自己心灵的呼唤，总有太多的借口让自己成为一个平庸之徒、无能之辈，成为一个消极的从众者甚至被动的受害者。是的，人生就是这样，尽管每个人身上都有着人类精神的伟大基因，每个人都是天才，但是先天的一切都需要后天的证明，成功者的共同特点就是相信自己且永不放弃，失败者要么根本就不相信自己，要么在困难与挫折、压力与诱惑面前轻易就做了自己信念与梦想的叛徒。

永远不要抱怨现实的冰冷与残酷，生活从来都是粗砺的磨刀石，真正的好刀都是在这样的磨刀石上千磨万砺而成的。一时的挫败并不可怕，可怕的是不敢面对挫败的真正原因；更为可悲、可叹、可怜的，则是把自我放弃、自我背叛、自我失败的责任全部推给外部的世界。

第四问：你知道你还能找回真正的自己，做回真正的自己吗？

活在今天这个世界上最大的幸运之一就是，除非是要被"立即执行"的"死刑犯"，每个人都有越来越大的试错空间和越来越多的纠错机会，甚至，如果你的信念足够强大，意志足够坚韧，大的伤害、大的坎坷、大的挫败有一天还可能转化为大的人生财富、大的成功基石、大的幸福资本。

既然这个世界已经变得如此广阔、如此宽容，既然总有那么多人能够战胜大灾大难，笑对大荣大耻，超越大得大失，我们又有什么理由不能迷途知返、跌而复起、失而复得、败而复胜、卑而复尊呢？只要我们永远怀有一颗感恩的心，敬畏生命，热爱生活，执着梦想，坚守原则，就一定能找回真正的自己，做回真正的自己，最终让自己那天才而易逝的 0.01% 融入人类那神圣而永恒的 99.99%，从而成就一段小小的传奇。

问经典四问，做真正的自己，人人都有可能。

每个人都应该有自己的生命追问，可能是"四问"，也可能是"三问""五问"。参照本人当年的这"四问"，您认为人生最重要的追问应该是什么？

人生的概率管理^一

每个人都在进行着自己的概率管理，但很少有人意识到。

什么叫概率？简单说其实就是事情发生的可能性。小概率事件就是发生的可能性很小的事件，大概率事件就是发生的可能性很大的事件。

生活中我们会看到，有的人只买了一张彩票就中了超级大奖，你说有多幸运？有的人一辈子干好事，做好人，好好地走在大街上，却被来自天外的一块陨石意外击中，你说有多倒霉？

概率的背后有因果、有无常，有必然、有偶然，因素非常复杂，怎么管理？谁能管理？

但事实是，几乎所有的成功者都是概率管理的高手。"君子不立危墙之下""君子不涉险地"，并不是说要做君子就必须处处谨小慎微、胆小怕事，而是说一个人想走的路越远，想要承担的责任和使命越大，就越不能在不值得的事情上弄险，就越不应创造各种因小失大的可能性。只有有效地把各种不好的可能性降到最低，才更有条件静下心、腾出手把

―　此文首次发表于《决策参考》2014 年 7 月总第 26 期。

最想要的可能性放到最大。因此，概率管理说到底就是可能性的管理。成功的概率管理会让自己的人生出现越来越多好的可能性，并使它们一个个变为现实；失败的概率管理则会管理出越来越多坏的可能性，让自己的人生布满陷阱。

概率管理的最高境界莫过于老子所谓"无死地"了。他是这样说的："盖闻善摄生者，陆行不遇兕虎，入军不被甲兵；兕无所投其角，虎无所措其爪，兵无所容其刃。夫何故？以其无死地。"不留死地，也并不是说为了安全不"陆行"、不"入军"、不去危险的地方，而是因为所行皆合乎"道"，人生修炼到了应有的高度，哪怕去了最危险的地方也能"置之死地而后生"。譬如有人想拿菩萨喂老虎，结果却发现老虎成了菩萨的坐骑，任其驱使。

圣无死地，贤无败局。概率管理背后最根本的逻辑还是要"合乎道"。只有合乎道，我们才可能自由行走在大概率事件构筑的安全环境之中，创造条件让我们最渴望的小概率事件自然而然地发生在自己身上。

决定一个人命运的无非两件事：因果与概率。看上去因果是可以主动驾驭的，概率只能被动承受。殊不知如果你种的都是善因，不但会收获善果，而且必然会大大降低恶性事件发生在你身上的概率，所谓"尽人事，听天命""天道无亲，常与善人"。您怎么看"概率管理"这件事？

成大事的人，
都有一种特殊能力叫"脱敏"[⊖]

每个人的人生都是为一件大事而来的。

为什么很多人都不知道、不相信自己居然是为一件大事而来的？

那是因为他看轻了自己的生命，那是因为他看轻了自己的使命，那是因为他可能被"一件大事"这个大词吓到了。他不知道，这件大事就是由我们生命中无数点点滴滴的小事堆积而成的。

有意思的是，对一些人而言，他做的小事就是小事，大事也是小事，全部生命都是一地鸡毛；对另一些人而言，他做的小事也是大事，大事更是大事，大大小小一起构成生命中那件唯一的大事。

我们的生命是一地鸡毛还是一件大事，关键取决于自己是否具备一种能力——脱敏的能力。"脱敏"本来是一个医学名词，用在这里，顾名思义就是"脱离敏感"，或者说是"超越对一件事情的过度反应或过分迷恋"。

⊖ 此文 2021 年 1 月 17 日首次发表于"正和岛"微信公众号。

从小到大，一路走来，我们会对很多事物产生敏感。比如说，小时候对糖的敏感；上学之后对考试、对老师表扬或批评的敏感；青春期对异性的敏感；步入社会，在滚滚红尘、欲望涌动之中，对"美酒美色""当官发财"的敏感，等等。

我们不可能抗拒一切诱惑，也难以避开所有陷阱，真正的区别在于：有的人把各种欲望的无尽满足作为生命的最高目的，因此终其一生都处在对不同事物的追逐和沉溺过程中，不能自拔，收获的只能是一地鸡毛；有的人则是在无限接近自己更高生命意义的过程中，既食人间烟火，努力扮演好分内的各种角色，偶尔犯一些"美丽的错误"，又善于不断反省、随时总结，能够跳出并超越各种挂碍和牵绊，最终成就人生的那件大事。

说到这里，就无法回避人生的那件大事到底是什么了。能说得清楚吗？

以我的理解，每个人生命中唯一的那件大事，就是要找到"回家的路"，找到自己灵魂的安放之所，并尽可能为能回到这个"家"多准备一些资粮。

脱敏的过程，大概率就是穿越滚滚红尘，不断让自己的生命意义升级的过程。在您看来，人生的意义是有层次的吗？您能给自己定义的最高人生意义是什么？它是否需要很多次脱敏之后才能实现？

　　用这件大事来回看我们的人生，就会发现：有些人一生追逐，却离"家"越来越远，亏空越来越大，甚至变成了资不抵债的"孤魂野鬼"；有些人一生付出，虽然也可能穿越欲海情天，历经九九八十一难，却最终练就了一颗老辣的童心，满载而归。

　　其中奥妙，脱敏而已。

　　你学会脱敏了吗？

我的"初心"[⊖]

　　十来岁时有一次走在上学路上，突然生出一个念头：我什么东西都可以跟别人换，包括我这长得不怎么样的长相，包括自己最钟爱的小人书和玩具，但是我的内心世界，和谁都不换。我这颗和谁都不换的"初心"到底是一颗怎样的心呢？

　　当年我在接手《中国企业家》之初和一个企业家朋友对话，他一上来就把我说懵了。他说："东华，你现在吃的是市场饭，既然吃市场饭，就别那么要面子了，当真理和利益发生冲突的时候，立即把真理扔掉；当生存和贞操发生冲突的时候，立即把贞操扔掉。"

　　这话对一个媒体人来说极具针对性。比如，一个企业家给你钱，让你给他发软文，你发不发？多给你钱，让你给他做一个封面故事，你做不做？给你更多钱，让你把他放到最具影响力的企业领袖排行榜的前面，你放不放？

　　你可以玩清高，但跟着你的弟兄们可是要过好日子的，平台也是需要钱来支撑的。我当时确实觉得那老兄说的有道理，但是转念一想，有

_____

⊖　此文首次发表于《决策参考》2014 年 10 月总第 29 期。

11

多少人是在利益大到真的没法抗拒的情况下才放弃真理的？又有多少人是在真的没法活了的时候才放弃贞操的？

有也肯定都是极端的个例，于是，我告诉那位老兄：只要绷住了，绷到一定程度，不放弃真理和原则照样可以挣到钱，甚至可以挣到大钱；不出卖贞操，照样可以活下去，而且可以活得更好！我跟他开玩笑说，我们的贞操是只为爱情存在的。

回头看，这可能也是我对"初心"的一种表达与坚持。这么多年过去了，"绝不拿标准、原则、价值观和判断力做交易"这句话我们确实做到了，而且杂志社也确实挣到了钱。这里面当然会有很多小我的牺牲。当时我身边最贴身的同事经常为我抱屈，说我不该要的不要，该要的也不要，那怎么过日子啊？甚至有人怀疑我是不是有其他看不见的利益来源。后来我觉得大家的疑问已经成为一个问题，所以还专门在会上做了解释：大家知道我从原来《经济日报》评论部的一个评论员到《中国企业家》的掌门人，个人的市场价值已经翻了多少倍吗？虽然我没有变现，但这并不意味着不值钱。另外，你的牺牲看跟什么比，所谓"所取者远，则必有所待；所就者大，则必有所忍"。

这就是为什么后来我说自己原来是"百万负翁"，创办了正和岛，成了"亿万负翁"。大家因为信任而出钱出力，对我来讲，这些都是我的负债，万一做不好是还不清的，因为这样一批巨人的信任是没法用金钱来衡量的，这也是我为什么会说：正和岛不成功，刘东华死无葬身之地。

有点沉重了。其实，我现在充实而快乐，就是因为这么多"岛亲"

这么信任和支持这个平台，我觉得我的初心已经在正和岛上开出了很多美丽的花朵。

其实这么多年来，我行走于各类巨人之间，自己能够自信而有尊严，并能够得到大家的认可和尊重，很大程度上就是因为捍卫了自己的那颗初心。现在回想小时候上学路上的那一幕，和谁都不换的那颗心其实每个人都有，只是有些人走着走着就弄丢了。

我开玩笑说，自己这么多年来被追逐，"追"到了正和岛上，其实背后是被企业家们的信任和需求追来追去。而正和岛这几年只是打了个基础，还有很多让人不满意的地方。这是一份极具难度、特别需要耐心的事业，所以我说，既然我们是人参的基因和血脉，就不要和胡萝卜比快慢。我们的战略和打法也会越来越清晰，也希望岛亲们更多地参与共建，因为这个平台本来就是大家的。

说给读者

一个人真正的"初心"应该是指"本心"，即"本我之心"。本人十来岁时第一次自我意识觉醒，此后几十年始终坚守并不断丰富自己"跟谁都不换"的内心世界，始终珍视那个我之所以是我的"初心"，那么，您的初心是什么？是否动摇过？您认为坚守或者背弃初心对自己的人生到底意味着什么？

了解自己的"基因"[⊖]

后天努力固然重要，但只要我们不愿意欺骗自己，就应清醒地意识到，许多事情是先天决定的，比如基因。

人类最常犯的致命错误之一就是在思维与行动上忽略前提。不同的人有生而不同的基因就是人们最易忽略的前提之一。在自然界，小草很少把有朝一日成为参天大树定为生长方向，土狼也从不梦想自己哪一天会成为百兽之王。生而为人的好处，是每个人都有连他自己都没意识到的巨大潜力，都有成为天才的可能；但这个事实与另一事实并不矛盾，即人与人之间有着不可逾越的巨大差异，差异之大有时甚至可以用"不是一种动物"来形容。不是一种动物，却往往用同一种动物的思维与逻辑权衡别人、定位自己，岂不经常闹出笑话，甚至铸成大错？

做人如此，做企业也是一样。表面看，所有企业都是企业，都以赚钱为目的，实际上却各有各的"基因"，分别处于生物链的不同层级。处在生物链下端的兔子或羊，它拼命吃草使自己长得又肥又大，基因决定了它的这一切努力只是为了给苍鹰或狼提供一个吃掉它的更好的理由。

⊖ 此文 2002 年 3 月首次发表于《中国企业家》。

当然，谁都不愿意自己或自己的企业处在受制于人的生物链下端，但这种生物链上自己所处位序的调整是否可能？如果是可能的，付出一些努力自然值得，谁不愿意由羊变身成狼、由狼变身为狮子呢？但如果命里注定你和你的企业只能是一只猴子，那么你就千万不要再梦想做什么狮子、大象了，大象有大象的潇洒，猴子有猴子的快乐，现实一些，如果能在万千猴子中脱颖而出成为号令猴群的猴王，不也是一种了不起的成功吗？

自去年开始，《中国企业家》每年推出代表中国企业成长性的"未来之星"，我们把调查和推选的过程喻为寻找"鲨鱼苗"。所谓"鲨鱼苗"，在我们看来就是有着鲨鱼的基因、成长性良好，能够在短时间内迅速健康地崛起并做大的年轻企业。亚信集团的创始人之一、中国网通集团总裁田溯宁发表在本期中的《管理成长》一文，既是现身说法，又可视为企业"鲨鱼苗"经营管理理论的杰作，值得本刊这期推出的21个"鲨鱼苗"和全国所有快速成长的企业研究借鉴。我们的希望则是，在中国市

"人人生而平等"是指在一个现代社会，每个人应该生来就具备平等的权利。但人人生而不同，不同的智商和情商、不同的家庭背景和生长环境等却是基本现实。

"认识你自己"之所以成为一句经典的箴言，就是因为这件重要而困难的事太容易被人忽略了。您在多大程度上真正认识自己，了解自己与别人的本质区别呢？

场经济的海洋中出现越来越多自己的企业鲨鱼的同时，各种生物均衡成长、蔚为大观。

因此，在我们的疆域里，狮子、鲨鱼多些固然重要，但更重要的是每个企业、每个企业家都能了解自己的"基因"，清晰自己的定位，活出自己的本色和应有的价值来。

你相信什么，就会有什么样的人生[○]

企业家确实需要信仰。这么多年来我经常跟企业家们在一起学东西，他们认可我，一个很重要的原因反而是我经常向他们提出高的要求。企业家，尤其优秀的企业家从来不怕高的要求，只怕错的要求和荒唐的要求。

我对企业家有一个自己的定义，所谓企业家就是通过商业的价值创造追求生命意义和生命价值最大化的人。什么叫最大化？安全、健康、幸福、衣食无忧，这是普通人最基本的追求，当然基本的追求也不容易。如果你的追求高一点，你就希望你的人生和事业是丰富的，是深刻的，是尽可能持久的。如果你的要求再高一点，你就希望能得到尽可能大的这个世界对你的需要、尽可能大的这个世界对你的尊敬，你能给别人、给世界带来价值，不认识的人都需要你，因为你能满足他们的需要，他们尊敬你，这要求已经很高了。还有更高的要求，你人还在的时候，生命的健康存续尽可能长久，人不在了生命的能量照样能够延伸放大。当然最普通的，你的子女是你肉身的延续，是你基因的一种传承，而且你的思想和精神财富是能够影响大家的。

○ 此文源于 2012 年 4 月 26 日在北京大学光华管理学院的演讲。

　　我经常说老子、孔子、释迦牟尼、苏格拉底并没有离开我们。我们只是硬件，他们是软件，而且我们这个硬件不怎么样，只能下载一点点伟大的软件带给我们的价值。过一千年，过两千年，只要人类存在，那些软件就会持续释放能量，这也是一种生命意义的放大。当然还有事业，企业家就是通过商业的价值创造，通过创造伟大的企业追求生命意义和生命价值的最大化，所以刚才我说的至少是四层，越往后越不是为自己，如果仅仅为自己，蚂蚁都有快乐，小草也有，为自己很容易。当然了，如果你太平庸了，你为自己不成为别人的麻烦和包袱而努力也不错，但是实际上如果你不是先天愚钝，只要你努力就能够程度不同地给别人带来价值。真正的企业家真的是在人群中极少的一种人，企业家是天生的，这话大家不见得认同。一切伟大的"家"首先是天生的，包括科学家、艺术家等。虽然天生的"狮子"还有夭折的，但首先他有这个基因，然后遇到合适的环境才能长成应有的样子。

　　要成为正和岛的"岛邻"，硬件是你做企业必须做到一定程度。如果你不是一个能够承担一定责任的企业家，如果你来了之后没有分享交流的能力，你就不能给别人提供价值，你还可能听不懂别人的话，你只能误读、误解，甚至误伤这个地方的其他人，所以，硬件是一个前提。还有一个软件，我们叫"五戒六规"，戒是你要知道什么是你不能做的，你知道什么是你不能做的，而且你接受了这个规则，心就定了，心定了才可能产生智慧，所以我们有五戒六规。

　　五戒是指价值观。哪五戒呢？第一戒无诚信的交往。第二戒无底线的商业，底线下面有黄金，但是你能撞破底线捞取下面的黄金吗？无底线的商业是不能做的。第三戒无尊严的人格，做人连尊严都不要就是行尸走肉。第四戒无原则的行善，民间有一句话叫"慈悲多祸害，方便出下流"，什么意思？如果不讲原则，看似行善，实际作孽，当然孽有大有小，有的人靠骗人为生，你会鼓励他欺骗更多人吗？第五戒无良知的享乐，有权有势、有钱、有能耐的人如果不把良知放在前面，什么都可能干出来。

六规就是行为规范。正和岛是实名制、会员制、邀请制，严格限制门槛，不是谁想来就能来的。古人说"千金买宅，万金买邻"，如果你想把彼此最放心、最欣赏的人聚在一起，就必须有严格的门槛。企业家为什么需要信仰，如果企业家没有信仰但有能力，就太可怕了。今天的世界之所以那么危险，就是因为这种人比较多，有句俗话"流氓会武术，谁也挡不住"，如果挡不住的流氓太多，这个世界好得了吗？今天的世界之所以变得越来越危险，不是因为人类没有能力做对的事，而是厉害的人做的不该做的事太多了。

我自己对因果有一些感悟。我把自己人生的因果分成两大阶段，第一个阶段从有因无果开始。年轻人刚刚走上社会，做事情很努力，很投入，但没有结果，为什么一时看不到结果呢？因为在"打地基"。如果你要盖一个小厕所，放一块砖就可以，砖在哪儿厕所就在哪儿，这就是一个结果。但如果要盖稍微大一点儿的房子，就一定要挖地基，地基就是一个坑，你的投入不但看不到结果，还只能看到一个坑。之后是大因小果，也就是你付出巨大的努力，只能看到一点点结果，因为你所谓的"巨大的努力"因能力与经验的不足，大部分都是事倍功半的。再之后是多因一果，也就是多方面的努力只能产生一个结果。最后是初成正果，也就是说终于在某一个方面有了一定的成就，这就是人生的前半段。当然有的人觉得能有这样的结果已经很不错了，但是如果你有更大的能量、更高的追求，在人生的后半段，也就是第二个阶段，你把前半段倒果为因，把前面初成正果的这个果变成人生后半段的一个因，重新开始，你和这个世界的关系就会发生意想不到的变化。会发生什么样的变化呢？变成了小因大果，别人跑断腿、磨破嘴做不到的事情，你一个电话、一次聊天，最多一顿饭就解决了。然后是一因多果，你本来只是在做一件事，但大家都觉得你在给他创造价值，都觉得你跟他有关系，你是他的贵人，是他的恩人。再之后是无因有果，好像天上掉馅饼一样的，从哪儿来的呢？实际上不是真的无因有果，而是你原来撒下的种子结的果，胡萝卜的种子先生长起来了，但是人参的种子发芽慢，你以为它死了，其实它还在长着呢，它生根发芽需要较长的时间，等它终于破土而出的时候，你还以为是无因有果，其实是你原来种下了没指望回报的、长得慢却能量更大的因。最后是终成正果，形成一个闭环。

我把因果简单地做这样一个梳理和归纳，从上半场的有因无果、大因小果、多因一果、初成正果到下半场的小因大果、一因多果、无因有果和终成正果，如果你能看到这样的未来，你就能够守得住。天天想着天上掉金砖，真掉在你头上可能把你砸成个重伤，因为你接不住。但是如果按照生命应有的逻辑，就知道生命价值的最大化一定是通过给别人、给世界、给未来创造价值才可能实现，而如果你想给别人、给世界、给未来创造价值，一定需要长期主义，一定需要你长时间地积累和修炼。前面当然很难。我经常喜欢引用王石的一句话，不管做万科还是登珠穆朗玛峰，他都说："当然很难。"做你想做的人就很难，大部分人都背叛了，因为压力太大，诱惑太多；当然你如果只想做一个非常平庸的人，每天有一万条理由等着你自我背叛。但如果你不想背叛，看上去好像很难，王石说当然很难，但是没有想象的那么难，不但没有想象的那么难，而且你越往后走越容易。这就是刚才我说的因果，人生的前半段很难，就因为难大部分人都放弃了，不相信未来有个必然的结果。实际上只要你挺住，只要你相信种什么因就必然有什么果，尚未呈现的只是在考验你，只是在给你积攒更大的利息，不管你种的是善因还是恶因，它们总有一天会连本带利回到你的身上，甚至回到你家人或子孙身上，那么，我们为什么不想尽办法，尽一切努力多种一些善因呢？

正和岛有一个"五戒六规"，有人说这是做人的底线，也有人说这是只有圣人才能做到的价值规范。您怎么看？您对自己做人做事最重要的三条要求是什么？

搞定自己[⊖]

有友人自海南归来，说南方商界人士思维和行为方式发生了重要变化。前些年办事情，如若有问"搞定了没有"，十有八九是问银行搞定了没有、官员搞定了没有，银行和官员搞定了，事情也就基本搞定了。现在不同了，"搞定了没有"虽然还在问，但问的已不再是银行和官员，而是自己搞定了没有，搞定自己，已经成为搞定事情的先决条件。

这实在是一个了不起的进步。

这个进步，首先不是哪个人的进步，而是改革开放带来的我们这个社会的进步。由原来计划经济体制的"定"，到后来向社会主义市场经济新体制的"变"，目的仍然是"定"。而在"变"的进程中，由于旧的不再适用，新的尚未形成，银行、官员及某些方面就表现出较大的随意性，就存在着被无原则"搞定"的可能。这就给那些善钻政策空子和法律漏洞的人提供了机会。毋庸讳言，不少人就是这样一夜暴富或沦为阶下囚的。

随着改革的深入推进，新的章法、新的规则逐步建立健全起来，全社会都在按照新的要求重组重构、搞定自己。哪一块率先搞定了自己，哪一

⊖　此文 1997 年 2 月首次发表于《中国企业家》。

块也就失去了随便被人利用、被人搞定的可能。因此，对某些“聪明人”来说，他们并非不想像过去那样搞定银行、搞定官员、搞定有关方面，而是突然发现，这些方面已经不可能再轻而易举地被搞定了，搞定他们，首先要按照他们的要求搞定自己!

是的，既然国家搞定了自己，社会搞定了自己，自然也要求我们每个人都能在新的坐标系中选准自己的位置，真正搞定自己。说俗点，就是经过一个时期的浮躁、彷徨和痛苦抉择之后，每个人都应知道自己到底是吃哪碗干饭的，并认真把这碗饭吃好。也只有踏踏实实把自己分内的事做好了，才可能赢得别人的支持；只有把手边的机会抓住了，才会有更好的机会来敲门。

搞定自己，看似是笨功夫、慢功夫，实际上却是真功夫、实功夫。因为随着大环境的进一步完善，在一个机会均等、公正公平的社会里，每个人的天空都是靠他自己撑起来的，每个组织的天空都是靠其全体成员齐心协力撑起来的。

搞定自己，才能搞定自己以外的世界。

说给读者

自助者天助。中国这个“重人情”“讲关系”的社会如何在21世纪实现升级？在这个升级过程中我们应该扮演什么角色？您还在幻想把自己嫌麻烦、不愿意努力的事情交给别人，甚至菩萨或老天爷实现吗？

生命意义的终极拷问[⊖]

最近几次小范围的企业家聚会，大家突然对一个似乎被淡忘已久的基本问题重新提起了兴趣：生命的意义到底是什么？

按万达集团董事长王健林的说法，这个问题十年来在谷歌搜索的排行榜上始终处在前十名的位置，可见不管人类已经走了多远，到头来最关心也最困惑的仍然是最简单、最朴素的基本问题。

令人欣慰的是，我们身边的企业家群体对这个问题的回答不仅是健康的，而且基本的价值取向都是一致的。

比如说，"生命的意义在于因为自己的存在能够让这个世界更美好""生命的意义在于博爱""生命的意义在于苦中作乐、以苦为乐"，等等。即使最悲观的说法，也是"应该在无意义中努力去寻找和发现意义，正因为生命终将毁灭，才更加值得珍惜，更应该竭尽全力用好它，而不要让自己的生命留下太大的遗憾"。

得益于大家的启发和自己长期的思考，我对这个命题最简单的回答是"生命的意义在于体验"。在我看来，不同的人，生命意义的大小是

⊖　此文 2009 年 9 月 29 日首次发表于新浪博客。

由各自生命体验的不同深度、广度和长度所决定的，因此也是完全可以判断、可以衡量的。

所谓"深度"，就是你把一件事吃透了没有，吃透到了什么程度；所谓"广度"，就是你能否不断打破边界、广泛涉猎，甚至举一反三、触类旁通；所谓"长度"，则是指生命体验在时间上的延伸，它既有巨大的独立价值，又是深度和广度的必要前提。大部分人都希望自己的生命体验能够无限延长，而现实的唯一选择则是如何在有限的生命中不断拓展体验的深度和广度，从而使之融入无限的价值和意义。

在此，我不揣浅陋把曾经发给友人的一则原创短信贡献出来，以与各位有志于追求生命意义最大化的朋友们共勉：让我们把快感建立在快乐之上，把快乐建立在幸福之上，把幸福建立在创造之上，把创造建立在对生命意义的真正理解和无限接近之上。

谁也不用假装自己可以毫无意义地活着。夜深人静的时候，您是否也有过对自己生命意义的终极拷问？

一个人能活几辈子[⊖]

　　大学刚毕业时我在家乡的一家报社工作。当我偶然注意到一位年近50岁的老大哥写的文章质量反而低于他20多岁时的水平时，心中不免种下一个深深的疑问：这位老兄这20多年是怎么过的？

　　后来惊讶地发现，人们的自然寿命也许相差无几，生命修炼的层次和高度却可能判若云泥。很多人会在人生的较早阶段就停下脚步，放弃人生更加高远的梦想和追求，提前走上一段漫长而无聊的下坡路。

　　从生命的品质和终极意义看，用的是长度类似的一次人生，有的人只活了"少半辈子"，有的人活了"半辈子""多半辈子"，有的人活出了完整的一辈子，还有一些人能用一次人生活出两辈子、三辈子的价值。最伟大的生命则可能用有限的生命活出无限的意义，用一辈子甚至未能善终的半辈子活出人类需要的千秋万代来。

　　每个人都只有一次生命，没有人不愿意善待它。之所以结果如此不同，根本原因在于每个人给自己确立的人生目标不同，目标一旦确

　　⊖　此文 2009 年 8 月 2 日首次发表于新浪博客。

立，认真的程度更不同。无目标的人生一定是荒芜的人生，低目标的人生只能是低层次的人生，高目标但不坚定、不认真、不执着的人生必然是充满挫败和抱怨的人生，只有目标远大、永不放弃和永不绝望的人生才可能是了不起的、有机会用一辈子活出几辈子甚至千秋万代的人生。

道不远人。生命中那些最美好的事情，看上去离自己很远、似乎遥不可及的事情，一旦你真听、真信、真做，就会突然发现它们本身就应该是你生命中的一部分。山脚下的风景也许的确不错，但如果我们有能力体会到跋涉山间的苦与乐，有机会欣赏到更高更远地方的更美丽多姿的风景，我们为什么不去尝试一下呢？

确立一个高远的人生目标，以苦为乐、排除万难，长期坚持做正确的、有价值的事情，每个人的生命都可能无限精彩。

这其实是一个很残酷的问题，因为很多人在活到三四十岁甚至二三十岁时就停止了真正的进步和成长，只是等着七八十岁以后下葬而已，同时也确实有很多人用有限的生命活出了无限的意义。您是如何定义自己生命的长度的？

- 人生的前半段如果你努力为世界的需要添砖加瓦，人生的后半段你就会惊喜地发现，世界会主动为你的需要添砖加瓦。

- 生命的早年，不要怕委屈和勉强自己，而要勇于并逐渐善于把重要的事情做到极致，所谓"挑战极限""自我超越"的能力和习惯，主要应该在这个阶段建立起来。如此，人生的盛年以后，就更有资格与条件只用自己喜欢和擅长的方式做事，做更有意义的事，在更加从容和不必勉强自己的状态下追求极致。

- 真正需要用心琢磨的是，为什么看了同样的故事，有的人会因此成为亿万富翁，有的人却不会有任何改变，终生平庸。

- 当你真的知道自己是谁、别人是谁的时候，世界从此变得简单。

- 让你的思想保持强大而灵活，一定为了什么；让你的肉身保持强大而灵活，不必为了什么。前者是生命的意义，后者是意义的载体。

- 人生修炼的过程就是一个不断自我挑战、自我超越的过程，什么时候不想自我挑战、不能自我超越了，这个人也就老了；而追求成功的过程，客观看就是一个不断创造更大的交易资格和更好的交换条件的过程，成功的重要标志之一则是你所创造的价值既是这个世界特别需要的，又是这个世界特别稀缺的。

- 人生修炼的过程，就是无限接近生命本质、事物本质的过程。

- 我们之所以会愚蠢地提前老去，是因为我们总想证明自己的昨天是对的。而真正的智慧和持续年轻的源泉，是不断地证明给自己和世界：你看，我今天又成长了；你看，每天的太阳都是新的，每天的太阳所照耀着的我都是新的。

- 一个人太看重昨天的成就时，他就会和昨天的成就一起成为历史。

欲望

边界

信用、品格和道德固然对每个人都很重要，但普通人是否有品格、讲信用，带来的利害只与他本人或很少的人有关联，而企业家、政治家是否有品格、讲信用，带来的利害则关乎成千上万甚至千千万万的人，关乎企业的命运甚至国家的命运，这就是为什么一个人越重要、掌握的资源越多，人们就越看重他的品格高下。

人类与鱼类的对话[⊖]

进餐馆吃饭，一进门看到水池里等待食客挑选的生猛鱼类，有时难免生出恻隐之心，甚至突发奇想要把这些鱼买下来去放生。野外放生，包括有一次在印度恒河买下整桶的小鱼放生，对我总是一种想起来就会感到愉悦和兴奋的事情。

但是我终于没有在餐馆买鱼去放生，今天我的菜单上也仍然会有各种各样的鱼类。这是因为当我在内心"挣扎"着与鱼类进行了一场认真的"对话"之后，得出的结论既残忍又理性：残忍在于我们的一切食物几乎都是生命，"高级"的生命、"低级"的生命，动物的生命、植物的生命，绽放过的生命、沉睡的生命，等等，一碗米饭都是一碗生命的种子，因此只要我们自己的生命还要存续，我们就必须从其他千千万万的生命中获取能量，就无法逃避"残害"其他生命的"罪孽"；理性在于别无选择并不等于心安理得，既然其他生命不可避免地要成为我们生命能量的来源和支撑，我们就应该怀着一颗感恩的心，尊重这些生命，善待这些生命，尽最大努力对得起这些生命，回报这些生命。

⊖ 此文 2009 年 11 月 1 日首次发表于新浪博客。

有的朋友会说：你都把人家吃了，还要说尊重人家，善待人家，这不是"鳄鱼眼泪"、自欺欺人吗？

好像有一点儿，但肯定不全是。同样是吃，为什么吃、怎么个吃法、吃了之后怎么办，人与人之间是可以大不相同的。我们知道佛教倡素食戒杀生；儒家讲究"君子远庖厨"；很多宗教都要求自己的信徒做餐前的祈祷感恩，极端看重这张口一吃背后的深层伦理。我虽然不会皈依任何宗教，也不太赞赏"君子远庖厨"，但我对一切慈悲为怀、敬畏生命的理念与行为都心存感佩。感佩之余，我对自己的要求是：用自己尽可能大的价值创造和尽可能深刻、丰富的生命体验，去回报那些转化成了我的生命能量的其他生命元素，全力让那些以各种方式融入了我的生命体的其他生命获得更持久和更高层次的延续。

用慈悲之心理性地对待自然法则，吸纳其他生命并不等于不能尊重、敬畏和延伸其他生命。

万物皆有灵，万物皆有序。您与自己的食物进行过这类残忍的对话吗？您相信我们可以把"敬其灵"与"尊其序"理性而善意地处理得当吗？

还判断力以应有的尊严^一

与一个人、一个组织的判断力相关的，至少有这么几件事：一是能力，二是利益，三是最容易被忽略但其实特别重要的——价值观和尊严。

能力大家很好理解。我以为也就是破瓶子、旧罐子之类的东西，马未都却可能眼前一亮，说那是稀世珍宝，而且事实证明那确实就是；面对别人眼里的丑马、劣马，伯乐却可能兴奋异常，一眼认定那就是一匹世所罕见的千里马，你不服还真不行。

有判断力就有利益，甚至有多大的判断力就可能赢取多大的利益空间。巴菲特和他的信徒们不就是完全靠判断力吃饭，而且吃成了大大小小的富翁的吗？有人说财富是看出来的，这个"看出来"，不唯在股市上，一个人如果有非凡的"看功"，在哪儿都可能看出财富，看出权力，看出各种机会来。

那么，判断力与价值观和尊严真有什么关系吗？是不是有点儿故弄玄虚？听我道来。如果有人拿着一个难辨真伪的假货想借马未都公认

一　此文 2010 年 12 月 8 日首次发表于新浪博客。

的判断力帮忙"包装"，当作稀世珍宝卖出天价后俩人分成，马未都干还是不干？如果皇帝非要让伯乐把皇家的一匹"样子货"、宠物马说成天下无二的千里马，以满足皇帝的虚荣心，伯乐要不要违背良心说假话？如果巴菲特明知自己大量持有的一只股票面临严重危机，但他完全有机会利用大家对他判断力的信任，虚假炒作后套利逃跑，他做还是不做？如此等等。这里的所谓价值观，就是你是想用你的判断力做好事还是做坏事；所谓尊严，最基本的一条就是你在自己的判断力上说的是不是真话，一旦做出了自己的真实判断，有没有勇气捍卫这种判断。

从上面所举的极端例子回到我们的日常生活，其实开始时每个人、每个组织都有着大致相似的判断力，这种判断力也是伴随着个人与组织的成长而不断成长的。问题的出现恰恰在于，某些人和组织放弃了正确的价值观和应有的尊严，经不住某些诱惑或压力，自觉或不自觉地就把自己的判断力抵押出去做了交易。开始做交易的时候，还明白这是用说假话迎合了领导、媚了俗或是换取了利益，久而久之，就连自己也不知道自己说的哪句是真话哪句是假话，哪句是人话哪句是"鬼话"了，还何谈高超的、权威的、令人信服的判断力？

因此，无论是一个人、一个组织，还是一个民族、一个国家，我们固然看重其判断力的高下，但是我们更看重的，是这种判断力所支撑和捍卫的价值观和尊严。从这个意义上说，从《中国企业家》已推出多年的"最具影响力的 25 位企业领袖""中国企业未来之星"评选，到近年推出的"商界木兰""跨国公司本土化指数"等，我们交给大家品评的专业的力量一旦背离良知将给这个社会带来多么可怕的后果？这大概也就是人们越来越憎恶某些"砖家"的重要原因。您最重要的专业能力在哪个领域？当有人让您通过弄虚作假、放弃人格尊严谋取利益时，您会做出怎样的选择？

就不只是我们判断的准确性，更有我们多年来一直奉行的"绝不拿标准、原则、价值观和判断力做交易"的价值观和职业操守。

单就一时一事的判断而言，谁都有看走眼的时候。但经常令各界朋友特别纳闷的是，我们在对企业、企业家的长远判断和大是大非的基本判断上，通常都是坚定、自信的，而且最终是了无遗憾的。原因何在？一句话，就是我们一直在努力让自己与日俱增的判断力承载起赢得各方信任的应有尊严。

捍卫原则就是捍卫最大利益[⊖]

从 20 岁大学毕业到现在，我的职业生涯快 30 年了，我一边做事一边思考人生——最简单的表述就是寻求生命的意义。每个人都会思考人生的意义，但是很少得到答案，甚至会越想越迷茫。我基本上想清楚了这个问题。对我来说，人活着就是为了追求生命意义和生命价值的最大化，重要的是要找到这种追求的合适方式和载体。

自我意识的觉醒

内心深处总有一种声音：你是与众不同的，是来承担责任的，是负有使命的。我现在所做的一切事情，都是为了支撑小时候那种强烈自我意识的觉醒。

1983 年我大学毕业后回到了老家的《沧州日报》。很难说这就是人生最理想的工作岗位，人走向社会后会经历各种不同的人生际遇，关键在于怎么用好这些际遇。我的方式是不管碰到了什么都会认真对待，你认真对待它，它就会给你价值。我还能记得刚工作时候的美好感觉，几乎能感觉到自己进步过程中飞翔的速度，就像麦子拔节的感觉。

⊖　此文首次发表于《中欧商业评论》2011 年 5 月总第 37 期。

我曾问过 20 世纪 90 年代的成功企业家。在那个年代，能真实地活着就已不易，有机会做自己想做的事已经很奢侈了，所以会非常认真。但做着做着，上的台阶越高，看得越远，想法也越来越大，责任感也越来越强。他们这代人的成长基本是这么一个过程。而我们这代人，从小就想着人生意义这样比较"虚"的东西，这可能是受时代、家庭环境的影响，当然也与性格有关。我在家里是老小，衣食无忧，所有跟自身利益相关的事都不用我考虑，在别人看来，我就是爱"想入非非"。

我从小就是一个理想主义者，想做最好的，想要追求最好的，而且没有什么东西能动摇我的想法，这可能是与生俱来的东西。记得大约 10 岁的时候，有一天我从家走着去上学，一边走一边想：我的任何东西都可以跟别人换，但是我的内心世界和谁都不换。

我是真的想

如果有人挡着你，不让你过去，挡你一辈子，你就老死在这儿，这只能说明你不是真的想过去。如果是认真的，就必须对自己想要的东西负责任，就必须付出艰苦的努力去实现，不然就不如不想。

我 1963 年出生，那个时代留给我的正资产就是什么都敢想。很多人一开始可能也是什么都敢想，但也就是想想而已。我是认真的，因为如果不认真就变成一种自欺欺人了。没人要求你非要这样想，既然你真的这样想，就必须对自己想要的东西负责任。

一开始做记者，我觉得是一个难得的学习机会，因为可以天天和那些杰出人士打交道。研究生毕业后到《经济日报》评论部，一待就是六七年，那更是一个高手云集的地方。我也不闲着，不停地有各种想法，还特别认真地写过一个北京申办 2000 年奥运会的方案，当时《经济日报》的总编辑范敬宜还高度重视，做了一个很长的批示；后来想办专门为民营企业服务的报纸，但这些都没能变成现实，就是不停地想，不停地折腾。

在那个时候，《中国企业家》杂志社在《经济日报》社是一个特别令人头疼的地方，就那么一点儿人打成一锅粥，经营上难以为继。够资格的人都不愿去，我就有了一个机会。我过去负责的时候 33 岁，可以说是无知之勇。但无知之所以还能够"勇"，是因为自己对媒体市场化的基本逻辑和趋势看得比较清楚，有一种把握事物本质的自信。我最基本的判断是：好的思想和信息产品应该是非常值钱的，当时之所以不值钱，是因为没有找到合适的方式进入市场，没有找到与市场良性互动的最佳方式。

我习惯于只做自己认为最有价值的事情，因为生命有限；我认为有价值，就能不怕困难，进步也会非常快。我到《中国企业家》时很多人说我跳进了一个"火坑"，但我没觉得有那么可怕，反而觉得那是一个"炼丹炉"。《中国企业家》是我独掌的第一个平台，那个时候我甚至还不知道美国的《财富》和《福布斯》到底是怎么回事。别人对我说，应该有一个中国的《财富》。我说为什么《中国企业家》不是？谁比我们更应该是？有谁挡着我们吗？中国有那么大的需求等在那里，如果做不到，除了因为自己无能，还有别的理由吗？没有理由！那就朝着这个方向去努力嘛！

那时《中外管理》的杨沛霆老先生的官产学结合的培训做得特别好，

我觉得《中国企业家》也应该做这种培训和论坛，我就混入他的会场去偷艺。实际上如果你真有想法，你对你的想法是认真的，就会发现其实没什么困难是克服不了的。

在《中国企业家》做创业的事情其实障碍很多，但障碍不就是等着你去挑战、去超越的吗？领导一直说要出精品，但整个管理体制和运行机制可能正好妨碍你朝那个方向发展，那你要不要朝那儿走？既然选择了这条路，只能想办法去面对，去突破。如果有人挡着你，不让你过去，你就一辈子老死在这儿，这只能说明你不是认真的。如果一切条件都具备了，一切都准备好了，还需要你吗？

创业付出很多，回报不成比例，经常有人为我抱屈，觉得不值得，但这就要看你要什么了。我追求梦想、实现梦想的过程本身就是回报，所以我有很强的幸福感。在《中国企业家》，如果我能够在做事的界面上无限地延伸放大，利益回报我不在乎。即便我创造一万元的价值，自己只能得到一元，我也能实现财务自由。你能从你创造的价值中得到多少，这还不要紧，最要紧的是你到底有能力、有机会创造多大的价值。

制度创新可以给人很大的空间，但现在的制度创新很难往前走太快、太远。这是个人选择的问题。选择了，就要认同。你千辛万苦创造的价值跟你无关，你认不认？认就干。不认，也没有人一定让你在那儿干。所以我从来不抱怨。

《中国企业家》的事业做到今天不容易，这里面有上上下下、来来去去的很多人的心血。原本想等改制完了之后再把重心转移，有一个良好的制度安排能保证《中国企业家》按照一个正确的逻辑不断延伸，但后来发现这么做的时间成本太高了。

我觉得不能再等。关于"正和岛"的想法，我从 1999 年就开始酝酿，各种条件不断成熟。如今，整个社会包括我要服务的人群对于互联网的接受程度越来越高，所以我必须行动了。当然，我今天说"正和岛"的理念，很多人还是听不懂，能听懂的也觉得这个事太难，但我觉得没什么，没有大的意外就一定会成功，我看到的是一种逻辑的必然。

有些人说我疯了。《中国企业家》已经成了一座金矿，而且还在不断进步，改制虽然慢，但也看得到，我却自己选择净身出门。但这个事我已看得太清楚了，还有理由再浪费时间吗？

打造一个安全可信赖的社交圈

在正和岛的平台上，对原则本身的捍卫就是对利益的最大捍卫，没有任何必要做妥协。

正和岛的使命就是"通过互联网建立并经营标准，推动商业世界成为互利共赢的世界"。前半句是商业模式，后半句是价值观。这话听起来大得像个笑话，我准备用十几年的时间把这个"笑话"变成现实。

正和岛这个平台，就是要把古人"千金买宅，万金买邻"的理念落到实处，将那些愿意通过走正道追求成功的力量汇聚起来，不断延伸和放大，让更多的人这样想，这样追求。现在大家普遍感觉谁不要脸，谁就更能成功；谁不问是非，谁就更能挣到钱。但实际上，真正了不起的长远的成功者，尤其是能够把成功和幸福统一起来的人，都是把是非放在前面的人。谁都不傻，通过伤害别人获得自己的利益，时间长了，你这边伤害别人，别人还能给你送钱？这在逻辑上是不成立的。

正和岛要吸引和凝聚的，都是通过走正道取得成功的人，以及认真希望这样做的人。所以第一个阶段，大概五年，正和岛主要为以企业家为主的决策人群服务，主要客户群是各类企业总经理以上的负责人；平台将采用实名制、会员制、收费制、邀请制的方式，不相信这种价值观的人可以远离，即便进来也会被剔除出去。正和岛的数据库会非常精准，最简单的描述就是"安全可信赖的决策者社交平台"——在这里大家会觉得很安全，很舒服，可以用最少的时间获得最大的价值，不断提升判断力、决策力和领导力。因为这里汇聚了中国最具判断力和行动力的人，这个平台推送给他们的东西也源于大家；另外大家可以随时随地交流，普通的问题大家相互之间就解决了，特别的问题找最合适的人来回答。所以，正和岛商业模式的第一种类型是会员服务费。这个模式的前提是巨大的信任，这种信任已经成了一个巨大的门槛。

当正和岛的人群在这个平台上聚集到一定程度的时候，可以有第二种商业模式——广告，我们会严格筛选广告客户。第三种商业模式是高端的团购和高端的个性化定制。在这个平台上，一旦把信任成本最高的人群的信任积聚起来，商业的拓展空间将是无限的。

在正和岛，对价值原则本身的捍卫就是对商业利益的最大捍卫，没有任何必要做妥协。何况我们起点比较高，更没有理由为了一些眼前的利益牺牲原则。刚做《中国企业家》的时候，一个好朋友提醒我：东华，你现在吃的是市场饭，就不要那么理想主义了。他说了两句非常经典的话：当真理和利益发生冲突的时候，立即把真理扔掉；当生存和贞操发生冲突的时候，立即把贞操扔掉。我觉得他说得非常有道理。然后我问他：有多少人是因为真的活不下去了才放弃贞操的？我看没几个。大部分人是因为禁不住一点点压力和诱惑就放弃真理，放弃贞操，然后还说自己是被迫的。这个年代不愁吃、不愁穿，没有生存之忧，有的仅仅是一点儿压力和诱惑，如果你并不知道什么对自己是最重要的，你就能为自己的放弃找到一万条理由。

正和岛的业务模式和商业模式是非常清晰的，朋友们也认为我做这个事是最合适的。其实，每个人心里对生活都有一个美好的想象，都有一座自己希望的正和岛，就像一个理想国一样，只是一直没能在现实世界找到。随着移动互联网时代的来临，出现这样一个平台的条件今天终于初步具备了。我们的思路是先把各种健康的力量从高端聚集起来，然后逐渐向中低端延伸；先在网上聚集起来，然后逐渐向现实生活延伸。

自我修炼也是桥

静修、内修是一种修炼，可以修炼到什么都不怕，坐在那里架起一座从此岸到彼岸的桥梁；如果一边行动一边修炼，内修外练结合，也能架起这样一座桥梁，那不是更好吗？

生命中有无数个死亡的门槛，每个门槛前都有累累尸骨。问题是，你想死在哪里？最高的生命境界就是肉身也许会死在一个地方，但灵魂可以无限穿越。

对使命感有了更深理解的时候你就不怕死了，因为你掌握了生命的基本逻辑。这个世界是无限的，一个人不管走到哪儿，走多远，把使命完成了，也只是个分号，甚至连分号都算不上。所以我每一天都会觉得很快乐，因为我在做自己认为有价值的事情，每一天都在接近自己定义的生命的最高目标、终极意义，也许永远也到达不了，因为完美的境界只存在于理论中，但是没关系，因为过程本身就是幸福的。我修炼到今天，对生命已经比较达观了。

我尊重别人的宗教信仰，但我不可能成为哪一个宗教的信徒。因为我认为强大的信仰完全可以源于自己的内心。宗教解决的最基本的问题之一就是如何面对死亡：所有宗教都告诉人们你不会死，只会到另外一个地方。宗教其实是要架起一座桥，对我来说，这不是通向彼岸的唯一途径，通过自己的人生修炼也可以完成。另外，宗教这座"桥"如今已经被弄得很复杂了，进去有可能迷路。而我属于比较较真的人，更愿意相信能够被证明的东西。

我喜欢相信简单而美好的东西，相信了，就幸福了；做到了，就成功了。而在相信的过程中受的骗，在做到的过程中吃的苦，就是人生修炼的必要课程，就是人生之所以如此丰富、精彩、厚重的原因。

说给读者

原则就像良心一样，有时候是会给我们造成利益损失的。这个"利益"可能是金钱，也可能是机会或情谊。但站在长远的视角看，只有符合原则和良知的利益才是安全且可持续的。您愿意为了坚守自己做人做事的原则而牺牲眼前的利益吗？

告别"无知之勇"[○]

20 年来的改革开放，一大批创业者是由于天不怕、地不怕的"无知之勇"而走向成功的。初生牛犊之所以不怕虎，并不是因为它有比老虎还大的力气，或是能找到制服老虎的办法，只是因为它不知道老虎会吃牛而已。而正因为对老虎的这种"无知"，它才敢威风凛凛地穿过一片片人们盛传有吃人老虎的山林，从而找到水草丰美的绿洲。而那些"饱学"的老牛们，却依然在山那边贫瘠的土地上苦苦地挣扎。

应该说，在历史发展的某个阶段，这种"无知之勇"是可贵的，甚至是走在前面的探险者们必备的一种品质。企业界不少神话般的人间奇迹就是被这样的一群"勇士"们创造出来的。当然，这些"勇士"和"初生牛犊"还不完全一样。他们的"无知"主要是指占有的信息不完全、不充分。他们在自认为掌握了关键信息之后，就毅然决然地出去了。而更多的人则想等到万无一失后再付诸行动。二者相较，显然是前者的胜机更多。这也是我们把创业者的"胆识"看得比其"见识""学识"更重要的原因。

然而，如果说"打天下"首先靠胆识的话，要想长久地"坐天下"就必须"三识"皆备，昔日的"无知之勇"就必须变成今天的"有知之勇"。

○　此文 1999 年 4 月首次发表于《中国企业家》。

"清华北大，不如胆子大"在某个历史发展时期是一再被验证的事实。今天恐怕就要改为"清华北大，让我胆大"或"胆子虽大，还要上清华北大"了。

知识与勇气，您觉得哪个对您更重要？

遗憾的是，许多凭借"无知之勇"冲杀出来的创业者，昔日的成功使他们陷入了一种"盲目自信"的误区，在他们看来，昨天就因为"不信邪"才干了起来，成就了今天的事业，今天同样可以"不信邪""跟着感觉走"。岂不知企业的发展阶段变了，时代的要求变了，市场经济的游戏规则也变了。都变了你却不变，当然要被淘汰。

还有一种情况就是创业者有很强的危机感和紧迫感，主动地求知，积极地"充电"，不承想在自己吸收能力、分辨能力还不够强的情况下，门一下子开得过大过猛，于是被一股扑面而来的知识流、信息流所俘虏，"无知之勇"变成了"有知之怯"，失去了主动行动的能力。这同样是悲哀的。

因此，一个企业领导者要从"打天下"过渡到"坐天下"，从"创业者"转变为"管理者"，告别"无知之勇"是必然的、毫无疑义的。但需要提醒的是，就像素质太低却驾驭太多金钱会被金钱毁掉一样，智慧不够就去接受过多的知识，"乱花渐欲迷人眼"，同样会被知识所累。

把道德数量化 [⊖]

中国企业家调查系统最近公布了一个令人耳目一新的调查结果：企业家品格是最大的信用。

品格是道德范畴的概念，企业家品格则可视为职业道德范畴的概念。几乎所有的企业，尤其是创业型企业，企业家的品格都在很大程度上影响甚至决定着这个企业的品格；企业的品格又直接影响甚至决定着这个企业的信用；而企业的信用，则直接或间接地影响甚至决定着这个企业能走多远、做多大、活多久。

如此说来，企业家的品格岂非成了企业的"命根子"？可以这么说，但也不尽然。因为一家成功的企业有许多条"命根子"，企业家的品格只是其中一条。就像一个品格高尚的人不一定能成为企业家一样，一个品格高尚的企业家也未必能带出一家优秀的企业，成为一个成功的企业家。品格高尚也许是一个企业家带领他的企业走向成功的必要条件，但绝不是充分条件、唯一条件。

尽管如此，这个调查结果对我们仍然有着巨大的启发意义。比如，

⊖ 此文 2002 年 5 月首次发表于《中国企业家》。

有一次和同事去听一位智者的演讲。学富五车的同事听完后说出一句振聋发聩的话："先生40分钟的演讲每个字至少值1000万元。"奇怪的是我还深有同感。如此说来，按正常语速计算我们俩分别收获了700亿元左右。您是否有过如此神奇的经历？如果可以把"无价之宝"量化，我们的人生可以承载多少财富？

它对我的启发择其要者而言有以下三点。

第一，人们过去常说无商不奸，常说市场行为使很多丑恶的东西死灰复燃、沉渣泛起，而渐行渐深的商业实践告诉我们，真正成熟、健全的市场经济社会是最讲信用、最讲文明、最讲规则、最讲道德的社会。

第二，信用、品格和道德固然对每个人都很重要，但普通人是否有品格、讲信用，带来的利害只与他本人或很少的人有关联，而企业家、政治家是否有品格、讲信用，带来的利害则关乎成千上万甚至千千万万的人，关乎企业的命运甚至国家的命运，这就是为什么一个人越重要、掌握的资源越多，人们就越看重他的品格高下。

第三，人们常犯的基本错误之一就是动辄把道德、理想与利益、钱财割裂开来、对立起来，认为道德和理想是无价的、难以量化的，而这次的调查结果表明，企业家的品格、企业的信用这些道德范畴的东西，不但是可以量化的，而且只要把它们把握好、驾驭好，它们与企业的生存发展、利益得失就一定是正相关，能形成正因果的。我们一旦为自己的崇高品格、远大理想找到可量化的手段和指标，许多貌似复杂的事情不是一下子就会变得简单很多吗？感谢中国企业家调查系统的卓越贡献，也希望更多朋友能从该系统一年一度的调查结果中汲取营养。

感觉与标准的冲突[⊖]

几乎每个成功的创业者都有很好的感觉和悟性。对某个方面、某个领域的感觉积累到了一定程度，他创业的冲动就会越来越强烈并最终促使他走上创业之路。

几乎所有的创业者都是跟着感觉走向自己人生的第一次辉煌的。而某些创业者之所以没有能够留住这次辉煌，或者没有能够一次次创造新的、更大的辉煌，重要原因之一就是他没有能够适时地、不断地把自己和创业团队的感觉格式化、标准化，不对感觉进行格式化、标准化梳理，正确的感觉就难以沉淀为企业基因、企业文化和企业的行为规范，错误的感觉就得不到有效的制约和规避，创业者就很难把"打天下"的快意流畅地转化为"坐天下"的尊荣。

李自成们也许能够攻破大大小小的城门，但制定和执行标准的能力才是决定其进城后能待多久的首要因素。

然而，没标准有没标准的危险，有标准也有有标准的问题。所有成功的企业都有一大堆成文和不成文的规矩，这些规矩大多是历史的产物、实践的产物，即使是源于他山之石、间接经验，也是因为实践的需要才"拿

⊖ 此文 2002 年 4 月首次发表于《中国企业家》。

50

来主义"、为我所用的，正是这些规矩和标准保证了企业的稳定、规范和有序发展。令人苦恼的是，再好的东西一旦固化为神圣不可侵犯的条文，就特别容易成为与时俱进的绊脚石，甚至沦为扼杀活力与创造性的凶手。因为标准是死的，规矩是僵硬的，而人是活的，市场是瞬息万变的。怎么办？至少有一点是十分清楚的，即建章立制本身并不是目的，从某种意义上甚至可以说，建立标准是为了更好地超越这些标准，制定规矩是为了不断地打破这些规矩。原因很简单：标准是灰色的，而成长之树常青。

由此观之，好的创业者总是善于把他被实践证明过了的正确的感觉上升为标准，以便让他的感觉在更深广的范围内开花结果，而一旦把标准建立起来，他又勇于并善于带领大家在吃透、用好这些标准的同时不断创造性地打破和超越这些标准，让更新、更好的感觉凌驾于这些标准之上，从而形成新的标准……如此反复，以至无穷，让企业始终处于一种由感觉与标准的良性冲突推动的持续、健康的发展之中。

感觉与标准的冲突，在您的企业中是否也是良性的、健康的呢？

感觉与标准、感性与理性、义气与原则、人格与实力，等等，这个世界上很多重要的关系，处理不好就相克相杀，处理好了则相得益彰。在您的人生经历中，您最害怕和最擅长处理的重要关系分别是什么？

漫漫取经路[○]

张瑞敏说"不要回头欣赏自己的脚印",我觉得说得很对,因为前面更大更深的脚印还等着我们去踩呢。何况昨天的历史很多已经不再能够告诉我们未来了,它们已经和明天没有关系了。

从艰辛和神圣的程度来说,可以用唐僧师徒去西天取经的比喻来描述《中国企业家》这 25 年尤其是二次创业的历程。我们未必是掌握"真经"的人,但我们一直都知道光来自哪里,我们一直都在追随那道光,而且把路上的各种可能性都考虑到了。我们觉得路上挡着我们的东西就是生命乐趣的来源之一,如果什么挑战都没有,人生还有什么意思呢?

有些东西是很偶然的。我从小有成为政治家的梦想,觉得改变这个世界最大的力量是政治。1990 年社科院研究生毕业后,我被分配到《经济日报》评论部,说实话一开始真是怵头,我对经济一点儿都不懂。那时候评论部很厉害,中国经济理论界前沿的东西都在这儿,我天天听一帮人神侃,耳濡目染,慢慢对经济有了一些感觉。

○ 摘自《财富的灵魂》一书。

1992 年，邓小平南方谈话、党的十四大确定建立社会主义市场经济体制以后，《经济日报》特辟了"民营经济"专版——评论部主任冯并（后来一度担任《经济日报》总编辑）思维很超前，意识到真正代表中国经济未来的是民营经济。我在负责具体筹办民营经济专版的过程中，结交了一大批民营企业界的第一代成功者。一年后，我提出一个设想，《经济日报》编委会也批准了，那就是创办《民营经济导报》，专门为民营经济服务，但后来因为各种原因没能真正实施。

这就是我来《中国企业家》的背景，包括后来我为什么在杂志社提出那些口号，比如说"只有造就强大的企业，才能造就强大的中国""国力的较量在于企业，企业的较量在于企业家"……市场经济能让这个国家富强，市场经济的灵魂是企业家精神——误打误撞到最后，恰好服务对象是真正有能力支撑中国现代商业文明的核心人群。

《中国企业家》的起点是很高的。1985 年由《经济日报》和中国厂长（经理）工作研究会联合创办，刊名获得了当时的国务院副总理谷牧的最终认可。当时的国家经济委员会主任袁宝华实际推动，写了第一篇"发刊词"，《经济日报》副总编辑张沛做第一任社长……但到了 1996年，《中国企业家》因逐年内耗变得一塌糊涂，管理上也没有人真正负责，我就是在这个情况下，被各方面认为"刘东华这小子不知死活、不知天高地厚，有想法、干劲，还有点儿谱"，接下了《中国企业家》"让商业创造尊严与荣耀"这个重任。

做《中国企业家》，我第一个考虑的就是这件事的意义，我们能从中得到多大的动力和舞台空间。中国当年最需要的是增强实力，而增强实力最重要的责任落在这样一帮企业家身上。首先了解他们，理解他们，欣赏他们，然后让这个社会出现更多这样的人，这将是中国的福音，也将是《中国企业家》最大的贡献。

14 年来，在这条坎坷的取经路上，我见过数不清的"神仙""妖怪"，而不管是"神仙"还是"妖怪"，我都能跟他们打交道。我经常说"欣赏你到灵魂里，批判你到骨子里"，这不是说着玩的。首先你要理解他们的灵魂，然后你才能说穿他们心中的破绽。万一"神仙"也有人性的弱点呢？什么叫万一啊？本来就是这样！你看不管是东方的神还是西方的神，《八仙游记》里的神仙比我们还世俗，希腊神话里面的众神也争风吃醋。不要把他们神化。这就是《中国企业家》永远能平视企业家的原因。

《中国企业家》跟《财富》《福布斯》不太一样，因为那些杂志是从美国 200 多年市场经济的土壤中自然生长出来的，而我们的杂志是在中国社会尚不了解、不接受企业家的背景下出现的。我们在很大程度上是通过我们的工作让社会知道企业家这样一个群体的，包括他们有什么人，他们是什么逻辑，他们为什么而存在。当年我们就提出那些话，"百万富翁的财富属于自己，亿万富翁的财富属于社会"。所以，从这个意义来说，我觉得我们不仅仅是旁观者，也不仅仅是记录者，我们是重要的参与者。想一想，我们这么多年大声疾呼，用各种方式推动企业逻辑和政府逻辑、企业家逻辑和政治家逻辑的对接，推动中国本土商业智慧和全球智慧的融合，推动中国社会对企业家群体的了解、理解和欣赏，在中国，不管是媒体还是其他机构，没有多少在这些事上比《中国企业家》发挥的作用更大。

改革开放以后，邓小平打开了一扇门，让那些蓬勃的生命能够尽可能长得更高、更大，其中有一部分生命长得特别高、特别大，而且特别顽强——企业家的基因就是这样，只要你给他一点点机会。中国过去是几千年家天下的封建社会，只有皇帝可以有独立人格，改革开放引进市场经济，头一次不需要用暴力推翻别人，只要到工商局注册一个公司，你们家的"王国"就成立了。你们家的"王国"能做多大取决于你满足市场的能力。邓小平给中国人创造了这样一片土地，那些顽强的、有创造力的、有满足市场能力的、有企业家精神的人就在这样的土壤里长起来了，这些力量真正是代表中国未来的脊梁。

这一路上，企业家们给了我很多惊喜，一开始就是那些"大家伙"，后来又发现很多新生代。很多年前我说过，创造一片海洋就会有鲨鱼成长。市场经济的海洋被伟大的政治家创造出来以后，人们一觉醒来就发现水面上露出很多大鱼鳍，就是说养出一条大鱼实际上没用多少时间，中国从真正提市场经济到现在还不到 20 年，就已经养出那么多条大鱼，你说能不让人感到惊喜吗？我问过张瑞敏，他亲口跟我说，起步的时候都没有敢想把企业做得多大，都是做到后来才逐渐产生更大的想法的。我比较幸福的事情之一就是我充满好奇心，经常觉得这个太好、太有意思了，容易被原来不了解的人和事感动。

做杂志和做企业一样，也是一种修行。这些年来，我给同事们不断描绘未来，念了很多紧箍咒，也给自己念紧箍咒。我觉得真正的创业者一开始肯定是唐僧、孙悟空和沙僧的合体，一定是这样的，有坚定的信念，但是一开始首先靠自己，否则谁跟你玩？我们这一路有惊喜也有艰难，经历过若干次让人眼前一黑的情况。牛文文就形象地说过，天要塌了，闭上眼，抱着脑袋，弯下腰，反正天塌了有大个子（我）顶着，总会雨过天晴。

男儿有泪不轻弹，但我来《中国企业家》后的确哭过好几次。第一次哭，是一个老大哥过来关心我，说到伤心处，我委屈得痛哭流涕。又有一次是在 1997 年年底，我在一个朋友家写"卷首语"《做顽强的骆驼》，回顾这一年是怎么过来的，写着写着泪如雨下，泪水把稿纸都打湿了，没办法再写下去。后来有一次在饭桌上，当着几个最重要的伙伴，那种不被人理解、死去活来的感觉让我失声痛哭。还有一次我们进行内部员工培训，我做演讲时当众痛哭流涕……我是一个特别容易掉泪的人，但是平时掉泪都是因为看电影、听音乐被感动，我觉得掉泪也是一种幸福，这是发自内心的感动。

至于 2008 年汇源被可口可乐收购一案，我跟朱新礼喝了酒之后也曾抱头痛哭，那是为企业家不被理解而哭——这些年来，我老是劝导企业家要建立积极的从容心态。当社会主义市场经济启动的时候，谁在这条路上创造了最大价值？本来企业家是创造物质财富的，社会把很多的责任都交给了他们。我打过一个比方，我说企业家本质上都是带着一群孩子赶路的母亲，他们珍惜孩子，但是总是有人不珍惜做母亲的人，认为整个天下的责任都应该让企业家扛，那他们不干行了吧？把企业一卖，多少辈子都吃不完，哪儿舒服去哪儿玩，这就叫消极的从容。我说你这样的话，我看不起你，真正的英雄就是要面对巨大的困难，一般人扛不住你能扛住，你能够迎来一个新的春天，这才了不起呢！结果这些年我们杂志的这些理念一直在影响着这些人。

当然，后来很多企业家在我面前觉得很有压力，他们觉得自己已经很累了。《中国企业家》这么懂他们，把他们弄得更累。他们觉得我提的要求好像都是对的，只不过太高、太过分了，那么多人都不承担责任，他们都快累死了，我还让他们玩儿命承担责任。我说，我是为了让他们活得更有意义，最后有机会高尚地死去。

在我写的《送你21颗"蓝宝石"》中，有一条是："不要用对方承受不了的方式施与爱和怜悯。"真正的精英在很大程度上是在用自己的能力为别人活着，为更多人承担责任，创造价值。我的确把这些企业家逼得很狠，有时候都让他们受不了，他们有时会"集体反抗"。史玉柱做网络游戏是利用人性的弱点，我也是利用这些企业家的弱点：你不是要做英雄吗？那就拿出个英雄的样子来吧，这个世界需要你做真英雄。

我们杂志社有这样的基因，所以我们能够在这么艰难的情况下活下来走到今天，而且还有远大的前途。其中特别重要的一个东西就是建设性。我这样的性格，说话粗、嗓门大，行事不拘一格，这个世界能容忍我这样的人，在很大程度上是因为我是有建设性的。有些人说，刘东华这小子有点过分，但他是好人，他能做好事，大的规矩还是挺明白的。我认为最难、最值得尊敬的是对好的结果负责任的能力，不能光是说点儿风凉话，或者说自己发现了真理，古往今来的圣贤发现真理和规律的能力远在我们之上，而且已经发现的规律，人类早就用不完了。我们发现的东西能不能让这个世界变得更健康、更美好，能不能因为我们的存在让结果变得更美好，这才是最难的。

我当然也会有妥协，但是我的妥协是为了在更大程度上捍卫原则。

不当家是不知道的，当家首先要保证活着，然后要保证可持续。你用什么方式，既不出卖原则和价值观，又能够让自己变得一天比一天强大。我觉得这也是我们的基因。最近有一个朋友特别纳闷，他对我说，"你的原则性那么强，强到恨不得眼里揉不下沙子，但是没想到你身段那么软，弹性那么大"。如果想对一个远大的目标、崇高的使命负责的话，你必须要有柔韧性。智慧是用来干什么的？不是用来背叛原则的，而是用来捍卫原则的。你的智慧有多大，你的弹性就有多大。

所以我说，我们排第一的永远是建设性，为这个世界的需要创造尽可能大的价值。第二是方法和策略，多年前我提出来我们是半步走策略，也就是领先半步，原地不动就是等死，领先一步可能就是找死。你怎么领先半步，总是能够比别人更超前，但也不能太超前，不能踩雷，踩雷自己就被炸死了。

最近我写了一条微博："保持良好状态的秘诀是，只为能够改变的努力，不为不能改变的生气。"改革开放给我们创造的安全做事的空间已经足够大了，你要适应这个空间并且为能够改变的做出努力。这就像下围棋，某个子下到这儿也许是一个死子，你把它放在那儿不要管它，还有那么大的空间等着你排兵布阵呢，你下着下着突然发现这个死子活了，变成一个要害。只要你在正确的道路上往前走，这个世界会慢慢地朝着对你越来越有利的方向变化，这是个必然的过程。如果你就在这儿哭天抢地，"我是一个好人，为什么那么多人跟我过不去"，变得像祥林嫂一样，到最后你真的会死无葬身之地。

《中国企业家》现在的情况并没有超出我当初的预期，反而差得太多了。尤其在互联网时代以后，整个媒体界都在变革，必须创新，现在大家都在摸索，从这个意义上东西方在媒体的转型创新上差不多处在同一起跑线上，我觉得我是能看到未来的，我知道怎么走，包括传统媒体下一步怎么办，新媒体怎么办。我们目前主要还是受制度约束，我觉得解决是必然的，我是有明确应对策略的，一定是能够走出来的，"办法总比困难多"用在这里也是对的。

我们老说要终成正果，我还写过一条微博："不但要比谁长得快，更要比谁活得长。如果你有机会修炼成一根人参的话，又何必天天羡慕胡萝卜呢？"

如果我们的未来蓝图能变成现实，将来会有人把这段历史非常细腻地还原出来。如果将来自己没有驾驭好，夭折了，那就认栽，我能让自己很平衡，笑对这一切。我有一千种让自己幸福的方式，如果有一天被迫放弃，那也是一种幸福。我说的是真心话，我可以天天去紫竹院公园，那里不要门票，饿了会觉得烤红薯、小米粥是世界上最健康的食物，可以蹲下来研究蚂蚁，看鸭子戏水，这些都是很幸福的事情。但是，因为今天自己还有机会承担大的责任，既然有机会、有条件，我就愿意承担。时间站在我们这一边。

回头来看，《中国企业家》是一个特殊案例。特殊在哪儿？说句偏激的话，在既有的制度内，我们在用我们的努力"作恶"，因为既有的制度本来很难产生这样的东西，然而我们用我们的出色和优秀来证明做这样的事是可以成功的，因而，是不必改革的。

这些年我最高兴的事情之一是团队的成长。一支为使命和价值观而战的队伍是非常"可怕"的。虽然也有来有走，但凡是在这儿待过的都为这段经历骄傲，凡是离开的都身价倍增。

如果时光重来，中国企业家这个群体和《中国企业家》这本杂志，也许可以不用走得这么苦大仇深、惊心动魄，我们都是这个特殊时代的特殊产物。为什么说把伟大交给过程？只要你的基因是健康的，你的路径是正确的，你的前途必然光明。越是了不起的基因，生长周期越长。这么多年，我们一直在打地基，现在真要盖一个摩天大厦群了。但是如果你没有那个造化，可能到现在都不敢有这个追求。如果当初就有这个追求，但没有那个道行，你早就死了不知多少次了。如果有造化，这里面的一切磨难都会变成价值。如果老天爷保佑我们不出意外，我们将把一个更大的梦想变成现实。

皮毛英雄[⊖]

美国新闻界的传奇人物、使《财富》杂志焕发青春并再创辉煌的约翰·休伊有一句发人深省的话："有人问我，许多商界巨头是不是我的好朋友，我说是的，但一旦我离开《财富》杂志，他们会立即把我的电话号码扔掉。"

表面看来，休伊这种不惜贬低自己而去突出组织的做法很不符合西方人的习惯，因为我们所熟悉的"西方方式"更多的是以自我为中心，不惜贬低别人来抬高自己。其实，休伊这句话与"西方方式"并不矛盾。因为人们在"贬低别人来抬高自己"时，大都说的是"毛"与"毛"之间的关系，休伊在这里说的则是"毛"与"皮"之间的关系，即自己这根"毛"虽然比别的"毛"更高大、健壮，但那是因为自己所寄生的"皮"好，没有这张好"皮"，自己将什么都不是。

《财富》杂志作为一张好"皮"，主要是由什么构成的？首先是它的创办者留下的神圣不可侵犯的价值观——"读者至上"的理念，其次是能够确保这种价值观得以实现的管理体制和运行机制，最后是做任何事

⊖　此文 1999 年 9 月首次发表于《中国企业家》。

情都不可或缺的物质基础。

其实，任何一个成功的、长盛不衰的事业，它的缔造者都留下了具有强大生命力的基本理念和基本制度，后继者只能随着时代的演进不断把它发扬光大、完善提高，而绝不允许推倒重来。美国是一个崇尚个人英雄主义的国家，美国式的英雄虽然勇于砸烂许多有形的东西，但往往对某些无形的东西充满敬畏。比如休伊对《财富》杂志的价值观、对那张看不见的"皮"就是如此。

回顾历史，中国的英雄往往被突出到"毛"重于"皮"的程度，仿佛英雄眼里没有任何神圣的东西，一切都可以砸烂，一切都可以重来。如此，今天你砸烂我的，明天我砸烂你的，都想从头植自己的"皮"，"皮"总是新的，怎能长出参天古树？

不可否认的是，英雄的确是有"皮""毛"之分的。第一代打天下的创业者乃至第二代和第三代继任者，都可能要肩负"植皮"重任。而一旦完成"植皮"就必须努力做一根了不起的"毛"了。

说给读者

大家都知道"皮之不存，毛将焉附"这句话，但回到现实生活中，却经常搞不明白"皮"与"毛"的关系，尤其是涉及自己的人生使命、人生定位时更是如此。细思量，无论是对于自己的家庭、所在的企业还是我们的国家，您对改善"皮"的贡献有多大？作为一根独一无二的"毛"，您觉得自己成色如何？

今天的中国，又进入了一个英雄辈出的时代。随着改革的进程，由于旧的价值观被打破了，新的价值观尚在形成中，历史对今天的英雄的要求就不仅仅是做一根了不起的"毛"了。后来者再了不起也只能尔尔，必须有某种"植皮"本领。这是几千年来从未有过的、在社会主义市场经济条件下植的"皮"。植出这样的一张张好"皮"，待若干年后新一代的英雄们说出类似休伊说过的话，我们就再也不会觉得奇怪了。

- 为什么自古就一个伯乐呢？能相马，能分出驽马和千里马的难道只有一个伯乐吗？肯定不是。更多的有点儿判断力的人都拿着自己的判断力去做交易去了，因为大家相信你的判断力，就有人会利用你的判断力去做交易，让你告诉大家他那匹"破"马是千里马，卖了钱跟你分，一人一半。很多人就经不住诱惑拿着自己的判断力，拿着自己的价值观，拿着自己的标准、原则去做交易了。我们绝对不拿标准、原则、价值观和判断力去做交易，这一句话就一直这样坚守了那么多年。

- 一旦把心弄丢了人就完了，外在再成功，说难听点儿不就是一个"豪华的"行尸走肉吗？因为把心弄丢了，成功都是外在的，带不来真正的幸福感和意义感。

- 捍卫底线，通过敬畏来解决。追求无限，要靠相信的力量。

- 敬畏规则，敬畏道义，敬畏生命，敬畏规律，敬畏自己心中最神圣的东西。没有敬畏之心，意味着放弃做人、做事的底线。

- 如果你能坚定地捍卫自己的原则和底线，你人生的智慧必将与日俱增。而智慧从来不是用来背叛原则的，而是用来捍卫原则、增强原则的柔韧性的。

- 在现实生活中，很多底线都在不断被突破，捍卫底线在很大程度上已经成为最高要求。

- 权力是用来制定和捍卫规则的，不应堕落到用于随意改变和践踏规则。

- 自己人生几十年最大的长处就是凡事首先为别人着想，以别人的快乐为最大快乐，以给别人提供价值为最大价值；最大的短处是经常无原则地为别人着想，无原则地照顾别人的需要和感受，结果往往适得其反。结论是，原则永远要放在第一位，以有效避免佛家所谓的"慈悲多祸害，方便出下流"。

- 妥协是为了在更大程度上捍卫原则。如果想对一个远大的目标、崇高的使命负责的话，你必须要有足够的柔韧性。智慧是用来干什么的？不是用来背叛原则的，而是用来捍卫原则的。你的智慧有多大，你的弹性就有多大。

- 早起刮胡子，一不留神把上嘴唇刮破了。结果这个毛细血管特别丰富的地方出血不止，弄得自己整个早晨手忙脚乱。"一不留神"还可能造成什么后果？比如登山时、滑雪时、开车时？这提醒我们，道不远人，身边处处有神灵，尤其是当我们手握利刃或身处险要时更要全神贯注，千万别因"一不留神"铸成大错。

当下

永恒

无论在哪个领域，真正的大家、大师都有一个共同的特点，就是心定而静。所有动的东西都是为静准备的，所有变化的、越变越快的东西都是为那个不变的东西服务的，正所谓"以不变应万变""万变不离其宗"。

03 当下与永恒

菩提树下的沉思[○]

人类的伟大在于精神的无限性，人类的恐惧在很大程度上源于肉体的有限性。精神的无限性使人们往往有一种"人生不满百，常怀千岁忧"之慨，同时依仗梦想和激情，当然有时也是迫于死亡的威胁和肉体上的折磨，人类创造出了越来越多超越肉体甚至在某种程度上超越死亡的奇迹。

肉体有限，依附于它的无限的精神就必须寻求突围，于是精神为肉体创造出汽车，从而驰骋于大地，创造出轮船，从而漂洋过海，创造出飞机，从而翱翔于蓝天，创造出互联网，从而打破时空的疆界，实现信息的共享和互动，等等，但是最重大的挑战——死亡却是终极的，也是最难逾越的。上面所谓对死亡在某种程度上的超越，主要是指为人类有价值的精神创造找到了肉体之外的新的载体。比如，人类精神只要穿上文字的外衣，就可以用图书、报刊、音像制品等各种形式存在下去，根据对人类的重要程度，有些可以一直存在，直到人类消亡。也就是说，只要人类存在，人类圣贤的某些精神创造就能一直延续，一直影响活着的人的思维和行为方式。当然，人类精神还可以找到文字之外的其他载

○ 此文 2006 年 11 月 17 日写于玄奘之路印度段的菩提伽耶。

体。比如，人类创造的某些"长寿"的组织，包括国家、企业等。美国是美国宪法精神的载体，企业是创始人核心价值观的载体，等等。只要这个组织存在，这个组织要证明或支撑的人类精神就存在，哪怕创造出这些人类精神的肉体早已消亡。

当人类依靠梦想和创造实在没有办法超越死亡，而又实在不甘心放弃的时候，就开始把假设存在的东西当作自己的心理依仗，而这种假设有时也会以宗教的形式出现，这给人带来的正效应是创造出了信仰，而依仗信仰，人们居然可能不再惧怕死亡。

不同种族的祖先为人类设计的生存方式、对死亡的超越方式各有不同，几千年下来，每个国家和民族都认为自己的生存方式和文化传统是天经地义的，却不知道与其他国家和民族之间有多么大的差别。也就是说，人类的先贤一旦为不同的人群设计出不同的道路或假设，这些人群就可能按各自不同的道路一直走下去，承受这条道路或假设带来的福荫和缺陷。

有人说沉思与愣神是自我超越、联结永恒的重要方式，尤其是在某些具有特殊意义的场所沉思或愣神。您喜欢生命中偶尔沉思或愣神的状态吗？您在那种状态下最难忘的感悟是什么？

　　坐在菩提伽耶的菩提树下沉思，你会联想到几千年前释迦牟尼坐在同一个地方想明白的一些问题人类至今都没有想明白，就像中国人很难超越诸子百家的思想、西方人很难超越古希腊先哲们的思想一样。人类在自己的童年曾经达到的智慧高度和思考深度，人类在几千年前对于生命意义的本质探索和超越方式，今天非但没有进步，反而由于眼睛看到的太多、心灵看到的太少而退步很多。

　　人类是否到了重新思考生命意义和对死亡的超越方式的时候了呢？

幸福在哪里^一

幸福在哪里？大家肯定都认可的一个标准答案是幸福在每一个人的内心里。当然这个心不仅仅是指一颗怦怦跳动的心脏。这个心，我们更多的是指心灵、灵魂栖息地。那么，心在哪里？

心在哪里？这是一个不太好回答的问题，我试着做一个回答。心在哪里呢？心在我们能够把它放平的地方。多少人能够把心放平呢？在今天这个浮躁的社会，有太多的不满、太多的不公平，甚至太多的愤怒，这种情况下有多少人能够把自己的心放平呢？如果你不能把自己的心放平的话，你就不可能把它带到能够把它放平的地方来，而是让它被"劫持"在了某个地方。

假如你在路上丢了钱包，你的心可能就留在那儿了。假如你受了冤屈，有人欺负你，你的心也可能留在那儿。当然了，如果你嫉妒一个人，不管是他太成功或者太美丽，你的心也会留在那儿。当然有一种比较健康、美好的状态，比如说你孝敬自己的父母，而他们生病了，你刚从医院回来，你的心可能驻留在那儿。你爱上一个人，你在追求她，你的心

一 此文源于 2010 年 8 月 13 日第七届学习型中国－女性成功论坛演讲。

也可能驻留在那儿。当然，当你的父母病好了，你的心就会重新放平，你追求到你爱的人了，你的心也会重新放平。

保持良好状态的秘诀有两句话，第一句话叫只为能够改变的努力，第二句话叫不为不能改变的生气。我们通常不愿为能够改变的而努力，却天天为不能改变的而生气。你越生气，你的心就越放不平。我们老是想改变一些不可能改变的。具体到自己，特别明显的一个事情就是，我们的欲望总是大于自己的能力，总是大于自己的努力，所以把心放平最基本的办法是，要么降低一下自己的欲望，要么努力提高自己的能力。如果你不想降低欲望，不能提高能力，你的心肯定放不平。

《金刚经》里说"应无所住而生其心"，指的大概就是不被外物所累，不被欲望所扰，能够复归"本自清净""本无动摇"的那颗心吧。

把心放平，我认为有三个非常好的词。

第一个词叫感恩，大家经常把感恩挂在嘴边，但是真正能够发自内心感恩的可能并不多。这个世界值得我们感恩的东西太多了。对我自己来讲，我不会种地，有人把那么好的粮食、蔬菜种出来；我不会烹调，有人把那么精美的饭菜做好；我不会造房子，住的却是越来越好的房子；我也不会造汽车、飞机，但是天天坐着汽车、飞机满世界跑……表面上看我们花钱了，但那点钱就够了吗？我们能不能对自己所得到的一切抱有一种感恩的心态？我们应该不仅仅是感恩自己的父母，不仅仅是感恩自己的老师，不仅仅是感恩那些跟自己距离最近的人，还要感恩人类，感恩整个世界，感恩大地和阳光。如果你有这么一颗感恩的心，你还会有那么多的抱怨吗？我们付出那么少，得到那么多，我们是不是就可以把心放得平一些？我们欠我们的祖宗太多，欠整个社会太多，欠这个世界太多。

第二个词叫敬畏，敬畏生命，敬畏规律，敬畏天道。我们看到的、我们理解的、我们认识的，太少太少了。决定我们生存状态的，我们没有注意的有很多，包括追求成功的过程、追求幸福的过程，这里面都是有很多规律的，我们能不能够敬畏这些规律，敬畏那些我们也许看不到，却在更深处起决定性作用的东西。如果你有一颗敬畏的心，你就有一颗学习的心，有一颗进步的心。

第三个词就更俗了，叫知足。大家想一想百兽之王狮子，每天都要为了填饱肚子去捕猎，每次捕猎都可能被牛蹄子踢伤，被牛角给以致命的一击。我们今天要满足自己的需要太简单了，所以我们凭什么不感恩，不敬畏，不知足呢？

如果大家把这些想明白了，把心放平就不再难了，把心放平，你的心就回来了。不管心遗落在什么地方，先把它找回来。但是把心放平不是目的，而是底线，这是自己的底线。当我们站在底线之上，把心放平之后，我们一定还想追求更高层次的幸福。幸福是有层次的，婴儿的幸福是躺在妈妈怀里吃奶，温暖又安全，那是他最大的幸福，但是等稍微长大一点儿，他一定会不满足于那个状态，他一定会追求更高的幸福感。

更高的幸福感来源于什么？我觉得也可以用三个词概括。

第一个词叫"被需要"。如果你只是需要别人，你自己也许能得到一点儿幸福，但是别人能从你这儿得到幸福吗？被需要，从被自己的家人需要到被自己的亲人需要，到被自己的朋友需要，到被自己的同事需要，再到被社会上更多的人需要。被需要的能力是需要创造和不断提升的，我们一定要通过自己的努力创造由内而外的被需要、越来越大的被需要，你创造的这种被需要程度越高，你的幸福指数可能就越高。

第二个词叫"被爱"。爱是这个世界上最美丽的词，但是爱也是有层次、有类别的，有亲人之爱、情人之爱、友人之爱、事业之爱等。创造被爱的需要，不仅仅是被家人、爱人、朋友爱，还要让更多的人爱你。为什么有些人一出现大家就给他鲜花和掌声呢？除了刚才我说的被需要之外，他还创造了大家对他的爱，他创造了很多粉丝，他给了这个世界太多爱他的理由，不是他爱别人的理由，而是让很多人都爱他，想到他就高兴、就温暖。但这些同样是需要创造的，如果你没有创造出更大的被爱的理由，那么爱就是肤浅、表面的，更多是利用和交换。

第三个词叫"被尊敬"，这是更高的层面。我们一个人做什么事才能够被尊敬呢？"被尊敬"超越了家人、亲人的概念。尊敬往往来自远处，来自跟你没有利益关系的对象，跟你有利益关系的可能需要你，可能畏惧你，但未必尊敬你。比如你是我的领导，我必须让你高兴，那可能出自畏，而不是敬。

如果我们在把心放平的前提下，能够从容地、快乐地、自信地创造这个世界对自己越来越大的需要，越来越多的爱，越来越高的尊敬，我们可能不拥有越来越高的幸福感吗？

我曾经发自内心地说：我有一千种、一万种让自己快乐的方式，但只要有一点点可能，我就一定会去追求最高的那一种。那也一定是对自己、对别人最有价值、最有意义的方式。实在没有条件的时候就退而求其次，一直可以退到蹲下来研究蚂蚁搬家，天天喝小米粥，吃烤红薯，照样可以让自己很快乐。

幸福有很多个层次。但是，大家一定要记住我们追求幸福的起点是一定先把我们的心找回来，把我们的心放平了，然后从这儿踏踏实实地出发，用心来欣赏这个世界，用心做事，无限接近生命中那个最高层次的幸福。

每个人都在用自己的方式定义成功、幸福乃至意义，但这并不妨碍这些概念在主观定义之后的客观性，衡量客观性的一个重要尺度就是利他的程度。有一种说法是"有意义的快乐才叫幸福"，您如何理解这里所谓的"意义"？

落伍的喜悦

浏览这期即将付印的杂志，我突然发现，一度受到读者欢迎的卷首语正在变得可有可无；在自己曾经颇为得意的老本行上，在杂志社快速成长的年轻人和企业界复杂多变的读者面前，我这支秃笔正在变得落伍和过时。

我为这种发现而欣喜。

落伍不觉得寂寞，过时反而感到欣喜，何也？譬如一个领跑者，开始时他带着三三两两的人上路，一边领跑，一边鼓励更多的人加入进来，待他觉得差不多耗尽气力、逐渐脱离跑道时，却发现许多接力者带着豪情与自信，轻松而潇洒地按照既定的路线前进，他本人则转去从事一些保证给养、扫清路障、制定规则或检查监督之类的工作，岂有不感到由衷的喜悦之理？因此，我深深地感谢大家不断地把我们的事业做得更好，并创造条件逼着我超脱出来去学习和尝试新的东西。

在这里，我想郑重地向广大读者推荐一个人——四川三通集团董事长艾欣，推荐一篇文章——《信任是我最大的权力》。艾欣到今天为止并不是一个多么有名气的企业家，但他的某些思想与行为却值得认真研

○ 此文 2000 年 4 月首次发表于《中国企业家》。

究和借鉴。因为艾欣做到了许多成功企业家至今未能做到的事情，使一家民营企业实现了真正的两权分离；因为这篇文章真实记录了艾欣从"设计、营销、总裁、董事长什么都可以是我"到"自己必须离开具体的事情"，从"大权独揽"到"大权旁落"，从无所不能、事必躬亲到"主动做阿斗""我的权力退到只有信任"的心路历程。也正因为这一切，三通集团才有了无限的发展空间，艾欣才做到在入主曾严重亏损的上市公司四川金路集团后，轻施妙手，拨云见日。

艾欣能找到让他感到自己"落伍"而又值得他充分信任的人，是他的幸运；艾欣能充分信任值得他信任的人，既是他的胸怀，更是他的能力，信任别人的能力。成功者比到最后，比的是胸怀；而胸怀的大小，有时的确受能力的制约。所有的成功者都可能具备常人没有的能力，而要取得更大成功所必备的更大乃至无限大的能力，是信任别人的能力。信任别人的能力有多大，事业发展的空间就可能有多大。

研究艾欣，我们可以得到很多。

您处在生命的"拔节季"还是旺盛的"收获季"？待到人生迟暮或需要交棒的那一天，您会因后续有人，因自己的生命意义、价值理念和核心能力得以延续而感到庆幸与欣喜吗？

阿段的"幸运"^一

"打工皇帝"段永平从自己一手缔造的"小霸王""和平出走",又奇迹般地创造出一个"步步高"神话,其中的微妙之处令人生出许多感慨。其中的感慨之一,可说是段永平的"幸运"。其实,我很少用甚至很反感"幸运"一词。因为我一向认为,所谓"幸"与"不幸",除了极端情况,大部分都是自己人为造成的,都是有"前因"可查的。那么,这里为什么偏偏说段永平是"幸运"的呢?因为对段永平"这种人"而言,最大的"幸"与"不幸"是能否降生在合适的时代。而这一点,恰恰是自己无法选择的。

任何生命都有属于自己的一份灿烂。不同的是,有些生命的灿烂短暂且只属于他自己,有些生命的灿烂则长久且更多地属于社会或环境。比如一只蝉降生在深秋显然是不幸的,然而对它所生存的空间而言不过少了几声聒噪而已;青蛙就不同,初冬时节看到池塘里的蝌蚪,人们难免为它的"生不逢时"感到惋惜,如果不错过季节,蛙鸣之外至少它还可以吃掉一大群害虫吧。

○ 此文 1998 年 4 月首次发表于《中国企业家》。

正是从这个意义上，我们特别为段永平"这种人"的幸运而感到庆幸。段永平"这种人"，除了他们的"灿烂"可能更长久、更多属于社会或环境外，还有两个特点——"少见"和"难养"。"少见"是说他们是属于那种多少人里面才出一个的人，是不可多得的、在某些方面（比如办企业）不可替代的人才；"难养"则是指他们的个性、独立性往往比较强，对生存质量、办事效率和所要达到的目标的要求比较高，不像"好死不如赖活着"的信奉者们那样能消极忍耐或等待。段永平从告别旧制度投奔改革开放的前沿阵地，到舍弃苦心经营的"小霸王"从头干起创立"步步高"，两次"出走"的直接原因都是"等不及了"。试想，多少人忍了几十年、等了一辈子都忍得住、"等得及"，而他还没怎么忍、没怎么等就"等不及了"，要不是生对了时代，"等不及了"的人就可能以卵击石，就可能自寻死路，如此，除了给那些忍没了个性、等没了活力的人提供一个笑柄，于事何补、于世何益？如果是在一个精英淘汰制的社会，真正的人才往往"难养"、难活，倒是那些难以成器的人乐

这是我笔下多年以前的段永平，大家都知道近些年来段永平虽有些"神龙见首不见尾"，但没有改变的是他还一直在用不同的方式创造着各种商业奇迹。这里所谓阿段的"幸运"，是指他生逢一个伟大的时代。但任何一个时代都有弄潮儿和被时代抛弃的失败者、落寞者，您如何看待自己与所处时代的关系？所谓"三十年河东，三十年河西"，您是如何应对时代变迁的？

哉悠哉，所谓因其不才而得其长寿。

　　令人欣慰的是，段永平两次"等不及了"、两次勇敢的选择都得到了期望的结果。透过段永平的"幸运"，我们再次深切地感受到，通过十几年的改革开放，这世道真的变了，变得让那些真正的"千里马"们再也没有理由"怀才不遇"、怨天尤人了。

享受倾听的快乐^一

创业的过程也是创造自己的话语权的过程。一个人的事业越成功，他为自己创造的话语权就越大；成功的创业者、企业家越多，整个企业家群体在全社会的话语权就越大。创业成功首先使企业家成为财富领袖，太多想要成功的人又促使财富领袖成为意见领袖，于是，企业家的声音在我们这个社会越来越多、越来越强了。这是一种了不起的进步。在一个拥有几千年官本位、几千年重农抑商封建历史的国度里，应该说这种了不起的进步才刚刚开始，还有很长的路要走。

然而，事情还有另一面。我们的某些企业家是不是太爱说、说得太多，以至于留给自己倾听别人、倾听这个世界的时间太少了？

对绝大多数企业家而言，"说"是创造财富的一个重要手段。这次我们到河北省的服装节搞"中国企业家月度沙龙"，河北有位著名的企业家提到了一个重要观点：财富不是干出来的，而是看出来的。他至少强调了"看出来"，这个在创造财富的过程中至关重要，却往往被人们忽略的环节。在我看来，在一个创业者取得成功的过程中，至少有三个不可或缺的阶段：首先是"看出来"，也就是看到常人看不到的未来和商机；然

一 此文 2002 年 11 月首次发表于《中国企业家》。

后是"说出来"，即用他看到的东西说服他人，点燃一批重要的追随者与支持者；最后是"干出来"，即把看到的远处的商机通过一支有战斗力的团队的实际运作变为现实的财富。因此，成功的创业者未必都爱说，但一定要善说，即善于找到一种有效的沟通方式把自己的思想变成大家的实际行动。这种特殊的职业要求，决定了企业家必须成为一个"布道者"，成为一个善于通过说话工作的人。久说成瘾，久辩成癖，太多太多的理由会使我们的企业家自觉或不自觉地变成"职业牧师""职业演说家"。

一个人的时间是有限的，成功者的时间就更有限了。你把有限的时间大部分用于"说"，也就是"输出"，那你用来倾听，即"输入"的时间就会很少。长时间的出多入少，一个人就可能贫乏起来，思维变得狭隘起来。在企业内部就容易形成上与下的不平衡，即下面对上面的了解越来越多，直到感觉没什么新意和希望，上面对下面的了解越来越少，乃至根本不知道大家的愿望和要求。这样的企业家多起来后，

多年前，在每个成功的企业家都越来越像演讲家、思想家的年代，本人居然提醒财富领袖们要学会少说多做，主动享受"倾听的快乐"。可惜的是，这个"先见之明"当时并未被接受，遭遇了"物极必反"的效应。现在，另一个"物极必反"来了，您是希望那些优秀的企业家多一些公开表达，还是少一些公开表达呢？

则又容易形成企业家与其他社会群体的不平衡，即其他社会群体对企业家的了解越来越多，了解越多心理越不平衡，而企业家对其他社会群体的了解越来越少，了解越少就越容易忽略他们的存在。第一种不平衡经常导致企业的动力枯竭，一代而亡；第二种不平衡则可能打破企业家与社会各群体初步建立起来的认同感、和谐感，为仇富心理制造诱因。

没有足够的话语权的时候，利用一切机会拼命去说、去喊是可以理解，甚至是值得欣赏的；今天既然已经创造并把握了巨大的话语权，为什么不能从容起来、平和起来，让自己更多地去享受倾听的快乐呢？

从南非看真理的相对性^一

　　想到南非，我们的脑海里会出现哪些主题词？把最重要的捋一下，比如说人有曼德拉，景有好望角，城有开普敦、约翰内斯堡，物有黄金、钻石、狮子、大象，等等。如果我们专门了解一下，再往细里说，那可能就数不胜数了。其实我真正想说的是，不管你原来对南非有多少想象，一旦真的踏上这片神奇的土地，仍然会有太多的东西让你惊叹不已。而一周的走马观花，给我留下印象最深的则是无处不在的矛盾和矛盾运动带给这个世界的残忍与血腥、和谐与美丽。

　　试举几例。

　　在南非的社会生活领域，一个有意思的现象是"黑人当政，白人当道"。意即自从 1994 年纳尔逊·曼德拉当选第一任民选总统，南非就一直是黑人领导的"非国大"（南非非洲人国民大会）当政。而黑人当政的这十几年，并未改变两三百年来形成的白人掌控经济命脉的现实。从原来的种族隔离、腥风血雨到今天的黑白交融、政经互动，不能不说是南非社会的巨大进步，但只要看看黑人和白人在生活和工作领域的巨大差

　　⊖　此文 2009 年 2 月 27 日首发于新浪博客。

距，只要了解这个非洲最现代化、最西化，在民主、自由、法治的道路上走得最远的国家之一还有多么严峻的社会不公、效率低下和贫富差距问题，还存在多高的犯罪率、谋杀率和艾滋病感染率，就知道这个社会的美丽与哀愁还需要并行多久。

在非洲的自然界，一个同样有趣的现象则是狮子与食草动物的互动关系。狮子是百兽之王，有强烈的地盘意识，因此人们常常喜欢把人类社会的王者比作狮子。在这个比喻中，通常把自己看作斑马、鹿或者羚羊的人常犯的错误就是忘记了狮子就是狮子，再善良、再伟大的狮子也只能吃肉，不能靠吃草活着。如果我们坚定地认为凡是吃肉的都不是好狮子，因为肉来自食草动物，虽然站在食草动物的立场上我们的说法无疑是对的，但是其实我们很快就会发现：第一，这个世界上不可能有一只活得下去的"好狮子"或"善良的狮子"；第二，狮子"只吃肉不吃草"的错并不在狮子而在于基因。

还有一个有意思的细节，当我们要从南非东北部的约翰内斯堡飞往西南部千里之外的开普敦时，想当然地以为越往南天气会越热，而忘记了我们身处这个星球的南半球，它的四季和我们北半球的四季正好相反，它的夏天正是我们的冬天，它的地理位置与气温的关系也和我们习惯的常识完全相反，越往南就离赤道越远，离南极越近，因此天气也就会越冷。这种从中小学课本上就已学到的知识为什么被忽略了呢？

黑人与白人、狮子与斑马、北半球与南半球，等等，这些概念所反映的具体内容虽然各不相同，但是它们能够告诉我们的一个共同的东西当下与局部在无限的时空中是那么微不足道，又是那么不可或缺。我们的生命与事业总是由一个个当下与局部构成的，但也不缺机会追求圆满、联结永恒。对于我们能够认知和把握的有限的真理与真相，我们不能太过自信，也不能不够自信。您是如何在"太过自信"与"不够自信"中掌握平衡的？

就是，真理都是相对的，都是有前提、有条件、有边界的，任何相对的真理一旦被强调到绝对和极端的程度，在理论上将表现为对真理的背叛，在实践中则必然会因为背叛真理、违反规律而受到惩罚，铸成大错。

正因为真理是相对的，所以只要我们有尊重规律、尊重真理的勇气与耐心，就不难找到那些相对真理的对应性、局限性和绝对价值。如此，我们也许无法改变狮子吃肉的天性，但要避免让自己成为狮子口中的肉，逐步在人类社会打造出一个个天高地阔、生机勃勃、绿色、和谐、可持续的"非洲大草原"还是有机会、有可能的。

让世界随心而静^一

　　也许，这个世界太需要安静了，我自己太需要安静了。世界转得比万花筒还快，我这两年坐飞机出差的次数也几乎超过了过去十几年的总和。

　　有朋友解字说，"忙"字左面是个"心"，右面是个"亡"，意谓不恰当的"忙"等于"心死"。心死而忙等于什么呢？讲难听点儿，不就是行尸走肉吗？

　　都行尸走肉了还在那里忙，追求的是什么呢？很多人都已经成了"豪华的"行尸走肉，还有一些人开始有些醒悟，试图有所超越，努力把魂找回来，让心静下来。

　　不管你会不会下围棋，当你看到聂卫平在棋盘前沉思的状态时，你都会突然感到一种无声的震慑；不管你打不打高尔夫球，当你看到高手最后瞄准洞口准备推杆时他的站姿，他的屏气敛息、全神贯注，你会觉得似乎刹那间整个世界都为之安静下来，天人相应，心物合一……

　　其实，无论在哪个领域，真正的大家、大师都有一个共同的特点，

　　⊖　此文首次发表于《决策参考》2013 年 12 月总第 20 期。

就是心定而静。我近几年经常说的一个观点是，所有动的东西都是为静准备的，所有变化的、越变越快的东西都是为那个不变的东西服务的，正所谓"以不变应万变""万变不离其宗"。重要的是，你是否确定、是否坚定你那个不变的"宗"是什么，你的那颗"初心"是否已经在各种压力与诱惑面前变了形、走了样甚至难觅踪影。如果你的那颗初心不但没有弄丢、没有湮灭，甚至还在滚滚红尘的洗练之下变得更加坚韧、干净和安宁，那么恭喜你，因为那就是你能够因时而变、应需而变，能够以万变守不变的不竭动力和定海神针。而在漫漫人生旅途中，唯有做到身累心不累、人忙神不忙、术变道不变，才可能行之久远，最终修成正果。

对于禅宗故事中"到底是旗动、风动还是心动"那则著名的公案，很多人都耳熟能详、视为笑谈，回到生活中却常常备受困扰。风动雨动我心不动，冬天打雷、夏天下雪我心动不动？"善有善报，恶有恶报"我心不动，"小人当大官，坏人挣大钱""流氓抱娇妻，罪人乐逍遥"我心动不

相由心生，境由心造。与其心随境转，不如以心转境，因为心静了，世界就静了；心里有了春天，四季都是春天。这不是阿Q精神。严冬时，您能心生几许温暖？酷暑时，您能掬来几分清凉？

动？虽说是"境由心造"，但是如果一个社会的"道心"出了问题，人心出问题就会成为普遍现象；而如果人心普遍出了问题，这个社会就一定病得不轻了。因为在这种情况下，通过艰苦的个人修炼愈挫愈勇、不失其心者，只能是无关大局的少数派。

可喜的是，事情正在发生根本的转变。"道心"正了，人心正就不再难了；人心正了，各种社会乱象必然成为无源之水、无本之木，逐渐消遁于无形。

人在天地之间，道在自然之间。人人合一，合乎一心；地人合一，合乎一心；天人合一，合乎一心……天、地、人、神、道，一心以贯之。

让自己随性起舞，让世界随心而静，生命从此有大不同。

摘自《罗博报告》[⊖]

中国的大同世界和西方的理想国度，人类古圣先贤的梦想好像都是相似的。我所向往的理想世界是什么样子呢？我还真想了若干年了。抽象点儿说，就是有一个大家都能认可的"人类共同价值观"，包括安全、健康、自由、幸福等每个人都追求的东西；有一个大家都要遵守的"地球村村民公约"，保证谁都不能为了眼前利益和个别利益而去损害人类的未来利益和整体利益。在以上的大前提下，鼓励每个人充分释放自己的想象力和创造力，释放不同的个性与天分，每天都让这个世界变得更美好。

这些年走过了那么多国家，虽然大部分都是走马观花，但不同的人文与自然之

这篇短文有点像"意识流"，涉及的话题却很宏大。所谓"人类共同价值观"与"地球村村民公约"，您认为本人是杞人忧天吗？您的脑海中是否也偶尔闪现过这类话题？

⊖ 此文 2013 年 7 月 15 日首发于《罗博报告》。

美都让我更加热爱这个丰富多彩的世界。而环境的不断恶化和人类的各种纷争也更加让我感到"人类共同价值观"与"地球村村民公约"的必要性和紧迫性。

至于自己理想的生活状态，就是每个阶段都能做出一些社会需要、自己骄傲的事情，然后带着这种成就生成的充实感和意义感挥洒人生，畅享浪漫的平实与平实的浪漫。

远   方^一

说给读者

不管生活有时候会变得多么"苟且"，都不能否认每个人都有自己心中的"诗与远方"，每个人都想努力去触及自己灵魂的边界。其实最远的路就是回家的路，最美的家就是灵魂安放之所。您是否已经确定了"家"的方向？您准备给这个"家"准备些什么礼物？

小时候，妈妈第一次离开我去远方，看着妈妈远去的背影，我感到心中空空的，缺了一块什么。回家疯狂地吃东西，吃撑了也没补上心中那个空空的地方。长大了才知道，用食物永远也填充不满的，叫惆怅。

小时候，我也曾遥望着蓝天上拉着白线的小飞机痴想：那上面有人吗？他知道我在看他吗？他此刻在想什么？他在飞向何方？长大了，为了不断长大的梦想，为了中国企业家俱乐部，为了正和岛——那个智慧又善良的人聚集的地方，我也不断飞向各种各样的远方。多

一　此文源于 2014 年道农会节目文稿。

少次在夜空的飞机上俯瞰人间的万家灯火，对灯火下那庸常而温馨的生活充满向往。

生活就是这样。在远方怀恋家园，在家园渴望远方。亲爱的朋友你可知道，无论是在家园还是在远方，心安处，是故乡。

- 一个人能够在多大程度上与外在的世界发生共振与循环，他就可能在多大程度上取得成功。伟人善于通过与现实世界的共振赢取天下，圣人长于借助同精神世界的循环穿越古今。

- 我的幸福指数之所以比较高，一个重要原因是看人看事总是能看到积极美好的一面，而对那些还不够好的地方，则看作自己生命的意义和努力的方向之所在，即我们的存在既是为了享受已有的美好，更是为了把还不够好的地方变得好和更好。

- 人们可以通过两种方式获得更大的自由，一种是争取，一种是创造。所谓争取，是指把"寄存"在别人手里的东西要回来；所谓创造，则是指把原本没有的东西创造出来。比如你想要飞翔的自由，就必须把飞机创造出来。在人类文明发展的高级阶段，创造一定会成为获取更大自由的根本手段。

- 自由是要和能力相匹配的，有多大的能力就可以追求和驾驭多大的自由。能力不足而自由过大，带来的可能更多是陷阱甚至死亡。

- 善于聆听每个人从他的角度所发现的真理，善于辨析每一种真理的局限乃至沦为谬误的边界，善于找到最适合自己甚至只适合自己的与这个世界对话和互动的方式，那么，你就离真正的自由和幸福不远了。

- 所有的复杂都应该是用来捍卫纯粹的；所有的"变"都应该是用来捍卫"不变"，即那个"万变不离其宗"的"宗"的。所有伟大的成功者都善于真正把上述二者做到位。

- 权衡一个人人生修炼的高度，基本标尺之一是看他能否在日常生活中找到永恒的感觉。

- 从天人合一的角度看，你所讨厌甚至憎恶的外在世界的一切，其实都是你自己的一部分。从这个意义上说，所谓"圣人"，就是那些把一切外在看作自我的一部分，并努力通过完善内在的自我去不断改善外在的自我的人。

- 什么叫"活在当下"？我的理解就是一心一意地做好眼前该做的事，享受眼前该享受的这个过程。因为你未来的一切都是靠这个"当下"支撑的，"当下"越健康、越有效，未来就越有保障。"活在当下"最大的难点其实是你是否真的清楚什么才是"当下"最该做的，其次才是如何做到全神贯注、一心一意。

孤独

荣耀

领先者唯其领先，经常出没于人迹罕至之地，在没有航标的水域里行船，挑战各种不确定性与未知世界，在第一个欣赏到别人欣赏不到的景致的同时，也第一个遭遇到别人遭遇不到的危险，那种凄美悲壮的孤独感是很难被人理解的。

04 孤独与荣耀

孤独的英雄[⊖]

真正的英雄从来都是孤独的，孤独的却绝大部分成不了英雄，何也？

走到人迹罕至的最前面，抛开人群是孤独的；落在冷冷清清的最后面，被人群抛开同样是孤独的。

这里说的"真正的英雄"，指的是"走到人迹罕至的最前面"又未把人群抛开的人。他之所以"孤独"，是因为他的思想走到了"更前面"，所谓"心在远处，身在人群"。

记得 1992 年在长虹，倪润峰坦陈心迹："我就是要把长虹变成中国的松下。"我知道，此言一出，此志一立，倪润峰此生注定是孤独的。需要他面对的实在太多太多。

与倪润峰接触无多，但我坚信以其才能与胆识，打造一个国际大企业的基本架构是有可能的。而我最担心的是，倾一人之力，哪怕这个人是商界"奇人"甚至"巨人"，他又能在多大程度上改变强大的制度力量给他带来的"宿命"呢？

⊖　此文 1999 年 2 月首次发表于《中国企业家》。

这就是我们这个时代的症结，尤其是大家普遍关心的国有企业的症结。

1997年《中国企业家》曾经发表过一篇文章《要英雄，更要创造英雄的制度》，想来有识之士会有同感。今天我们这个时代所出现的"真正的英雄"，都是极其顽强也是极其偶然地站立起来的。要说他们出现的必然性的话，至多是"时势"的必然，而非制度的必然。

作为一个"孤独的英雄"，倪润峰已经走得够远了，大概已经心力交瘁。而真要实现"百年长虹"，将来他又该把接力棒交给谁？他对长虹的跨世纪梦想又能在多大程度上得到制度保证呢？

长虹很有可能成为一个遗憾的事业。然而，如果不能在残酷的现实面前学会"笑对遗憾"的话，我们这个世界的理想主义者也许已经绝迹了。

说给读者

多年前，正当倪润峰带领长虹傲视整个中国商界，成为全球彩电大王时，本人近距离接触他，却发现了他内心深处的孤独与脆弱。作为人类的一种特殊情感乃至灵魂体验，孤独既可以与深渊同在，又可以与荣耀共存，差别只在于一个人是否善于驾驭孤独，享受孤独。您认为孤独是可以享受的吗？您是否体验过这种境界？

柳传志的两座丰碑[○]

当柳传志在世界惊愕的目光中重新执掌联想集团董事局主席的帅印时，自以为最了解他的朋友们又一次跌破了眼镜：原以为他和张瑞敏比最值得骄傲的就是离船上岸、进退无忧了，怎么在联想集团遭遇险境、前途未卜的时候，他又重披战袍、冒险上船了呢？

对此，柳传志说了一句很重的话，"联想就是我的命"，需要自己往前站时"义不容辞"。

乍一听，这话怎么也不像是一个 60 多岁的人说的；但仔细琢磨一下，又确实像柳传志说的。既然的确是 60 多岁的柳传志说的，我们就可以据此做出两个判断：第一，柳传志对原则问题的那股"较真"劲儿一点儿都没变，功成名就了也没变；第二，柳传志的心态很年轻，很有爆发力，他相信自己仍有足够的践行原则的能力。

说到原则，作为多年来与柳传志交往最多、交流最深的媒体人，我可以负责任地说，柳传志最基本也最重要的原则就是，作为一个大孝子，他一直在按小时候父母的教诲努力做一个诚实的好人；创办联想后，他

○ 此文首次发表于《中国企业家》2009 年 2 月第 3—4 期合刊。

则是在努力把联想做成一家伟大的公司的过程中让自己成为一个智慧的好人、强大的好人、成功的好人、幸福的好人，等等，总之是离不开"做好人"。为了更好地理解柳传志对原则的态度与实践，我在这里提供三个不同的视角。

第一个视角是观察柳传志与人交流时的表情，尤其是眼神，你会发现他在听别人讲话时是如此专注和认真，他自己说话时则无比坦率和真诚，甚至动不动就急，一看那张脸就知道这个人从小到大做人的原则没变过，所有的话都是从他心里流露出来的。联想到他在做大企业的艰难曲折中驾驭的各种复杂关系、穿越的无数"潜规则"，而他居然能让自己的本色和个性保持如此质朴的"原生态"，简直匪夷所思。

第二个视角是与另一位企业界顶尖的代表人物张瑞敏的比较。我曾经在不同的场合多次说过自己的一个观点，即将来柳传志和张瑞敏在中国企业史上的地位，前者应该是善于用复杂捍卫纯粹，在理解和尊重各种逻辑的过程中安全地强化和放大自己的逻辑的"伟人"，后者则是坚持用纯粹应对复杂，卓尔不群，我行我素地追求成功，揭示规律的"圣人"。伟人通常以空间的征服得其大，圣人则往往以时间的延伸成其久。

第三个视角是柳传志对企业家本质意义的独特理解。他一直引为自豪的就是自己的几个大弟子不是一般意义上的经理人，而是能够把企业看得像命一样重要的企业家。联想分拆时，我曾当面对柳传志盛赞他对杨元庆、郭为的精妙安排：立志做英雄的，给他大舞台；适合做"地主"的，给他好地盘。大舞台存在大风险，需要大牺牲，可创大奇迹，承载大光荣；好地盘则种瓜得瓜，种豆得豆，进可称王，退亦小康。今天，在联想集团的大舞台出现危机之际，一向将企业利益视为至高无上，把联想当命看的柳传志奋不顾身冲上前台与大弟子共渡难关，就再自然不过了。

综观以上三个视角，不难看出柳传志全部的智慧都是用来捍卫他"做好人"的纯粹性的，全部的努力都是用来成就联想的伟大的。在这里，做好人，做一个给别人、给世界带来尽可能大的价值的好人应该是目的；而把联想集团打造成一家伟大的企业，则是柳传志、杨元庆和他们所领导的所有联想人能够成为智慧的好人、强大的好人、成功的好人、幸福的好人的一种有力的支撑和证明。

让我们真诚地祝贺柳传志，祝贺他人格的丰碑已然铸就；真诚地祝福联想，祝福它事业的丰碑还在长高。一个民族只要懂得珍惜自己的英雄，就一定会有更多的真心英雄涌现出来；只要懂得仰望自己的丰碑，就一定会有更多的丰碑矗立起来。

"人不知而不愠，不亦君子乎？"相信柳传志老爷子近年来最大的挑战之一，就是如何持续调整好自己的心态。好在真正了解柳传志的人坚信，他人格与事业的丰碑并不会因为别人的误解和伤害而坍塌，反而会随着岁月的洗礼而日益巍峨壮丽。您了解柳传志的为人吗？您认为柳传志在尘埃落定后的历史地位应该是怎样的？

什么能让英雄气短[⊖]

中央电视台播放电视连续剧《大染坊》时，我并未留意。听了神州数码郭为的极口称道和华谊兄弟王中军的有力佐证后，我才急忙买了一套 DVD 拿回家看。

我相信他们挑剔的眼光。

周末夜以继日地看完，主人公陈寿亭带给我种种震撼。清末民初，陈寿亭从一个父母双亡的讨饭孤儿成长为一个名噪一时的印染大亨，其间的种种际遇，尤其是商场争斗与人性善恶的交互纠缠，在郭为看来足可供今天的经营者们作教科书看。令我印象最深的则是剧中明里暗里、几乎无处不在的两个关系：一是陈寿亭所掌管的企业与竞争对手的关系，二是经商办企业与国势强弱的关系。

就第一个关系而言，不管一开始双方斗争得多么激烈，甚至多么不择手段，几个回合下来，胜利者陈寿亭几乎总能和对方成为朋友，除了商战的智慧外，他更以做人的品格和境界折服对方。如此攻城略地，赢得的不仅是市场份额，更有人心和盟友，除非遭遇天灾人祸，岂不像下

⊖ 此文 2003 年 12 月首次发表于《中国企业家》。

山雪球越滚越快、越滚越大？

第二个关系就难免令人扼腕痛惜了。就连对陈寿亭又敬又怕、身后有一个强大的"帝国"支撑的日本商人藤井都告诫陈寿亭：国家太弱而个人太强，这样的人是要吃亏的。而慨叹"人强不如国强"，同时又知道"国强还靠人强"的陈寿亭，也不止一次拔剑四顾，恨自己生不逢时，如果生在太平盛世，他能把染厂"办得像整个青岛那么大"！

了解陈寿亭的人没有谁不相信这句话，可就因为他生在一个民不聊生、国力孱弱的乱世，日本人的铁蹄踏碎了这个民族工业家的梦想，他不仅没能把企业办得像整个青岛那么大，最后还英雄气短，悲壮地将自己被赶到济南后办起的企业也付之一炬……

回看近百年前的中国商业故事也许有些遥远，但细品一下《大染坊》的个中滋味，就知道多少还有些似曾相识的感觉。值得庆幸的是，今天我们的企业家不仅遇到了陈寿亭梦寐以求的太平盛

说给读者

再了不起的英雄都有"气短"的时候，差别只在于是缘于自身还是缘于环境。缘于自身，则可能"一个英雄倒下去，更多的英雄长出来"；缘于环境，更容易"一个英雄倒下去，无数个英雄藏起来"。因此，与其呼唤英雄，不如改善环境。有道是"哪有从天而降的英雄，只有挺身而出的凡人"。您是否想过，在什么样的环境与氛围中您更容易挺身而出而不是相反？

世，而且欣逢中华民族的伟大复兴，那么，有多少企业能够把陈寿亭们一度被中断了的商业逻辑承接过来，并在与时俱进的过程中将其发扬光大呢？

英雄既然不再气短，是逐鹿全球商界，尽显中国企业家本色的时候了！

张瑞敏比我们傻吗[⊖]

去年下半年以来，经常会有各界朋友提出对海尔这样或那样的"质疑"。因为我们离企业更近些，离企业家更近些，很多"质疑"就难免提到我们面前来，以求得印证或某种程度上的答疑。作为与海尔有较多接触但又谈不上真正有研究的媒体人，我们当然不敢担当"解疑释惑"的角色。但既然不断有人问起，就难免做些思考，并根据自己的理解试着做一些回答。在饭桌上和其他聚会场所，我不止一次地向质疑海尔的朋友提出反问：你认为张瑞敏比我们傻吗？

在对更多的事情难以做出判断之前，人们对这个问题是很容易做出判断的，即从他做过的事和说过的话来看，张瑞敏绝不会比我们傻。那么，既然承认张瑞敏不可能比我们傻，我们为什么还会拿办企业的那么多常识问题去很认真地质疑海尔、质疑张瑞敏呢？一个显而易见的原因是我们并不真正了解海尔，并不真正了解张瑞敏。那么，海尔为什么不敞开大门，热情地欢迎我们拿着放大镜和显微镜去仔细地观察它，深入地了解它，而是给人们留下那么多疑问、那么多谜题，让人们越来越大胆地去进行一些不利于海尔的猜测和假想呢？原因可能是多方面的，我

⊖ 此文首次发表于《中国企业家》2002 年 8 月第 8 期。

想在这里替张瑞敏做出的一种解释是，他是迫不得已的，就像一个魔术大师在舞台上变戏法，戏法变了一半的时候观众非要知道这戏法是怎么变的，你让他怎么办？可能有人会说，变戏法主要靠暗箱操作，办企业却应该是全透明的，怎么能把办企业与变戏法相提并论呢？办企业与变戏法当然不一样，但二者有一个重要的共通点，就是看不见的东西决定了看得见的东西。在我看来，张瑞敏是迄今为止中国企业家中运了最长的一口气，想在自己的任上画一张最大的企业版图，实现最大的企业循环的人。构筑心中的海尔帝国，张瑞敏也许需要再付出 10 年、20 年的精力，甚至付出余生的全部精力，而且越来越多地是在没有航标的水域里行船，越来越多地是挑战各种不确定性与未知世界，那种凄美悲壮的孤独感是很难被人理解的。在某种意义上可以说，张瑞敏是当今中国最孤独的人之一。

张瑞敏的孤独除了源于太多的东西需要他独自承受，源于他思想的领先与海尔实践的超前，是否还有其他原因？另外，

说给读者

"张瑞敏比我们傻吗？"这个句式虽然当年的效果还不错，甚至起到了振聋发聩的效果，但一定要避免随便把这个句式用在其他重要人物身上。因为他可能并不比我们傻，但他确实可能"当局者迷"；他可能并不比我们傻，但也可能就是因为他太"精"了，才把这种"精"全用在自私的方向上，等等。如果您是一个成功者，您会害怕别人的评价吗？如果您是一个评价者，您会一不小心沦为"乌合之众"，变得随波逐流、人云亦云吗？

对于外界针对海尔的种种疑虑，我们用一句"张瑞敏并不比我们傻"是否就可以轻松打消呢？张瑞敏也许不比我们傻，但古今中外那么多英雄豪杰哪个都不比我们傻，为什么其中很多人在成功之后却马失前蹄，在达到常人难以企及的高度之后却又因为非常低级的错误重重地摔了下来呢？海尔有没有缺陷？张瑞敏有没有误区？

回答是肯定的。也许海尔最大的缺陷就是它似乎没有缺陷，张瑞敏最大的误区就是他似乎没有误区。什么意思呢？用我自造的一个概念解释，就是海尔的"预期值管理"可能出了问题——一家企业、一个人哪怕再出色，一旦被当作完美的化身来预期和要求，做得再好都会被视为应该的和理所当然的，而再微小的错误和瑕疵都会被无限放大，被视为不可原谅。这就是海尔今天的处境。

海尔是海。真正的海，它的任何状态都应该是真实的、自然的，人们不管喜欢还是不喜欢都不得不正视和接受。海尔何不降低人们的预期值，由理想中完美的海变成自然的海呢？

杨氏难题[○]

透过黄河集团一次次大大小小、有惊无险的变局，我们尽可以潇洒地谈论民营企业家杨纪强的成败得失，尤其是谈论家族企业乃至杨纪强本人的"局限性"，但如果我们能以企业家的思维，设身处地地站在杨纪强的立场上思考他面临的问题的话，谁能拿出一个理想的"杨氏难题"的解决方案？

我这里之所以要强调"企业家的思维"和"设身处地"，是因为人们在进行某些假设时，往往是以割断历史和漠视现实为前提的。割断历史是指人们在"假设我是杨纪强"时，根本就忘记了杨纪强之所以能造就黄河集团的主客观因素和因此而长期形成的思维方式、行为方式的巨大惯性；漠视现实是指人们在做上述假设时同样也远远没有想到，杨纪强除了必须面对人们看得到的种种矛盾和困扰，还必须面对人们看不到的也许更多的矛盾和更大的困扰。如此，离开这些东西，那些轻飘飘的"假设"又能有什么实际意义呢？杨纪强自觉或不自觉地讳言黄河集团是个家族企业固然没有必要，但简单地把"杨氏难题"归结为家族企业的"局限性"同样是有失公允的。因为"杨氏难题"至少包含这样几个问

○ 此文首次发表于《中国企业家》2000年3月第3期。

领导力大师宁高宁有言："做企业难就难在几乎每一步都要走对。"而事实是，任何企业和企业家都是在不断试错的过程中获得真正的成长的。企业家如何驾驭好这样一个悖论？换言之，驾驭好这样一个悖论有多么不容易？这背后的努力就是一家优秀的企业、一位优秀的企业家值得我们欣赏和敬畏的重要理由。

您如何看待企业家群体对社会的贡献？如果您有机会成为一位企业家的话，您希望这个社会如何评价您？

题：第一，如何实现一个成功的创业者向一个成功的管理者的转变；第二，如何实现企业的所有权与经营权平稳而健康的分离；第三，怎样培养和选拔好企业一把手的接班人；第四，一个"打天下"的企业在进入"坐天下"的阶段后如何实现人才和管理队伍新与旧的更替、内与外的融合；第五，一个家族背景的企业一旦上市，如何尽快实现向一个规范的现代股份制企业的过渡；等等。撇开最后一个问题不谈，全国不管是哪种所有制性质的企业，改革开放以来凡是创业成功、能够在市场上称王称霸的企业，有多少真正把前几个问题解决好，创业者能够在这些问题上踏踏实实睡着觉的？我看还不太多。从这个意义上说，所谓"杨氏难题"其实是大家的难题，是许多企业和企业家正在破解的难题。

正因为在大家都颇感头疼的难题上，杨纪强不断试图寻求突破，几经变故依然能乘风破浪，遭遇挫折至今仍不改初衷，这就越发显出他作为一个民营企业家的难能可贵。当然，杨纪强现在最大的本钱或自信，是缘于他在进行各种试验的过程中，有万一"他们都不行了，我还能兜得住"的底气，也就是说不管是什么样的学费，他认为他现在还交得起，不会糟糕到让他失去掌控能力的程度。应该说，这是他的底线。但反过来看，万一到他"兜不住"的时候黄河集团某些致命的"杨氏难题"仍未能解决好，那我们也就只好真的归咎于他的"局限性"了。好在，现在还有机会。

祝杨纪强好运，祝所有仍在破解"杨氏难题"的企业和企业家们好运。

田溯宁的术与道⊖

　　5月，亚信公司创始人、中国网通集团总裁田溯宁参加了本刊的两次活动。一次是"中国企业未来之星颁奖仪式暨中小企业成长之道高层研讨会"；一次是"中国企业家月度沙龙"的"健康与生活"主题活动，大家在京郊格林马会赏马、骑马和进行圆桌研讨。

　　参加我们活动的企业家朋友当然还有很多，这里之所以单说一下田溯宁，是因为在两次活动的过程中他的言行几次打动了我，让我不由想抒发一些感慨。

　　5月10日我们在昆仑饭店安排了一整天的"未来之星"颁奖和研讨活动，田溯宁因时间排不开下午才赶过来，而且几乎是最后一个发言。他的发言让我异常兴奋。这种兴奋一是源于我对田溯宁的一个"重要发现"，即田溯宁虽然是一个创业有道、管理有道、成功有道的企业家，但他在各种场合的讲话却很少说"道"，而更多谈"术"；二是因为这种发现使我们自己在处理"道"与"术"的关系上有豁然开朗的感觉，使我们意识到从杂志内容的定位到杂志社的经营管理，是调整我们长期以来

───────────

　　⊖　此文 2002 年 6 月首次发表于《中国企业家》。

...

重道而轻术、重世界观而轻方法论的做法的时候了。"道"重要不重要？当然重要，任何一个事业都有一个向何处去、为什么去的问题，这恰恰就是"道"要回答的问题。但你的"道"再清楚、再高尚，如果解决不好"怎么去"也就是"术"的问题，最终的结果也是事倍功半，甚至事与愿违。透过田溯宁成功的商业实践和务实的演讲风格，我们深感再了不起的"道"也是需要由"术"来承载和落地的。"道为先"也许并不错，而一旦"道"的问题已经得到了很好的解决，"术"的问题就会上升为主要矛盾。因此，感谢田溯宁先生对我们的启发，作为一家媒体企业，我们已决定在杂志内容的定位上由原来的"重道轻术"变为"道术合一，以术载道"，在杂志社的经营管理上则明确开始进入"方法时代"。

5月19日的"中国企业家月度沙龙"活动上，田溯宁白天在跑马场的表现同样给人留下了深刻印象。也许是基础不同，像杨元庆、丁健、王梓木等大部分企业家更喜欢迅速摆脱教练的看护，自己大胆冒险，纵马驰骋，只有田溯宁和王文京骑在

田溯宁是中国互联网事业最早的布道者与开拓者之一，又是中西合璧、道术合一的创业者代表。本文所述田溯宁的"驭术之道"和"成功密码"给您最大的启发是什么？您是如何看待并驾驭"道"与"术"的关系的？

马上长时间由教练牵着缰绳原地转圈体会，被视为态度最认真、最讲究"术"也最稳健的"小学生"。

晚上的自由讨论中，田溯宁由自己曾患几天"眼疾"的经历生发出若干感想，包括"自己差点'不幸'（失明）都这么痛苦，那些已经不幸的人怎么办？""强势群体怎样主动为弱势群体做些好事？""一件突如其来的意外之事就可能完全改变一个人的生存状态，完全改变一个人对生命意义的理解与追求，那么，应该以怎样的心态对待健康与事业，生活与工作的关系？"等。由一件小事自然升华到对人生之"道"的种种拷问，又自然为自己的责任感、使命感和同情心赋予了更多的内涵，在人生本源处找到了更大的动力，不能不说是一种境界。

品味田溯宁的"术"与"道"，能使我们获益良多。

李东生的"大道无术"[○]

TCL 是一家人们貌似很熟悉、很了解，实际上却不乏神秘感的企业；TCL 的掌门人李东生貌似缺乏色彩、言语朴拙，实际上却是个重剑无锋、大巧不工的企业家。

TCL 近些年来"突兀而起，后来居上，持续创新，平稳发展"的运行轨迹对媒体来说无疑是个"大富矿"，可以从多个角度发掘出新闻价值。而我最感兴趣的还是李东生这个技术员出身，本来应该以"术"见长的企业家，为什么会特别推崇老子的"大道无术"，他所谓的"道"又是什么。

李东生告诉我们，商场如战场，市场竞争中守正出奇，"兵不厌诈"，不可能不讲究"术"。他的"大道无术"主要是指在核心团队的管理上，让大家围绕一个共同的目标和愿景去努力，而不过分运用权术。"你直接管理的就是十几个人，如果老想把人管住，你一个人想办法是想不过十几个人的"，李东生认为，"在东方文化氛围里，大部分企业管理者对他工作的环境、内心的实在感觉会比较看重。如果当领导的老是过分依赖管理的权术，可能在某些事情、某些项目方面达到好的效果，但长远来

○ 此文 2002 年 7 月首次发表于《中国企业家》。

李东生是一个"大器晚成"并一次次实现"鹰的重生"的企业领袖。技术人员出身的他却追求"大道无术"，足见他底蕴的深厚。关于"大道无术"，本人曾把它解析为四步走：先是"大道有术"，其次是"大道优术"，再次是"大道皆术"，最后才是"大道无术"。您怎么看这几个步骤？道与术、价值理性与工具理性最理想的关系状态应该是什么样的？

看，会失去团队对你的依赖，如果你的管理团队没有'大道'认同的话，你这个企业的凝聚力就不行"，而"企业竞争力很大程度靠的是团队工作的凝聚力"。听到这里，我们就理解李东生手下为什么会有那么多骁勇善战、独当一面的大将了，就理解 TCL 的管理层为什么那么稳定、流动率那么低了。

反之，我们也注意到一些企业领导者非常能干，非常辛苦，也非常工于心计，但就是找不到一个让大家都兴奋的未来，他们通常习惯把自己管理的对象或视为没有个性、没有创造性、没有独立意志的纯粹执行者，或视为靠不住、信不过，随时可能偷懒，背叛、损害公司利益、中饱私囊的可疑分子，在这样的心态支配下，不是把自己的团队管理成被动工作的"机器人"，就是把优秀人才一个个赶跑、吓跑。如此，自己再辛苦，如果没有一个坚强有力的团队做支撑，又怎么可能成就一番像样的事业？

当然，"大道无术"并不是说给大家画个饼，告诉大家要向何处去、为何去就完了，也并不是说到时候那张"画饼"就自然而然变成一张金灿灿、香喷喷的真的大饼可供人们分享了。不是的。企业家不是单纯的悟道者，而是知行合一的实践家，他的成功与否并不只取决于他想到了什么、看到了什么，而更多取决于他把想到的东西做到了多少，把看到的东西实现了多少。"想到"和"看到"，应该是他的首要责任；"做到"和"实现"，则在很大程度上取决于他用自己"想到"和"看到"的东西吸引、凝聚、点燃、动员了多少人，尤其是多少精英人才，让他们跟着他走，而且是不屈不挠、百折不回地走下去，直到把原来"想到"和"看到"的东西基本"做到"和"实现"，然后再在新的台阶、新的起点上想更多的东西，看更远的东西，开始新的旅程。

刘邦少术，却能吸引天下英才，共成百年霸业；诸葛多智，运筹一生只落得困守西南一隅，无缘九州一统。打天下与做企业，都需要道术合一的功夫，都需要巧妙驾驭二者的关系。从道行很深的田溯宁能沉下心来精研术业，以术载道，到以术起家的李东生痴迷悟道、传道，深得"大道无术"之精髓，两位优秀企业家的积极探索告诉我们：成功的路径各有不同，但只要缺什么补什么，把握住大的方向与平衡，就总能殊途而同归。

"领先" 何以 "脆弱"^一

北京大学教授、方正集团的缔造者之一王选先生说，方正曾严重依赖的领先技术过去一直是"湿毛巾"，轻轻一拧就能拧出许多利润，"但是技术领先造成其他方面的脆弱，过高的利润带来管理上的不足，这些是我们的教训"。

诚哉是言！

其实，任何成功企业都可能有过自己的"湿毛巾"，都可能凭借这块"湿毛巾"或自己在其他方面的特殊优势经历过一段时期的超常发展，从而迅速脱颖而出并取得某种领先地位。按说在激烈的市场竞争中能够高人一筹、领先一步几乎是所有企业和企业人梦寐以求的事情，那么为何这种"领先"会带来一种脆弱，甚至给日后的发展埋下大的隐患呢？

从主观上说，先看这种领先是如何获得的，基础是否坚实。比如这种领先是意外之喜、偶然之得呢，还是在公平竞争的条件下长期努力的结果？是首尾难顾的孤军深入呢，还是布局严谨的齐头并进？等等。如

一 此文 1999 年 7 月首次发表于《中国企业家》。

果基础不牢，自然脆弱易折；即使这种领先是建立在牢固的基础之上的，也还有个如何看待这种领先、如何用好自己的领先地位的问题。因为率先爬上山顶的人，往往有一种"一览众山小"的感觉，往往会自然而然地"松口气"，产生自傲和懈怠的心理，而这恰恰是做企业的大忌，下坡路往往从此开始。

从客观上说，首先，领先者不仅可能成为众人的榜样，更可能成为对手们赶超的对象。赶超有两种方式：一种是我走得比你更快些，一种是让你走得比我更慢些。而领先者因为身在明处，目标大，就特别容易成为"靶子"，特别容易被身后的各种明枪暗箭击中，焉能不"脆弱"？其次，领先者唯其领先，才经常出没于人迹罕至之地，在第一个欣赏到别人欣赏不到的景致的同时，也第一个遭遇到别人遭遇不到的危险。对未知之境的探索最易付出生命与血的代价，领先者又焉能不"脆弱"？

当然，王选教授所谓"领先的脆弱"可能主要还是指那种"一块'湿毛巾'足

科学家出身的企业家王选先生真有大家风范，不但不以自己的特殊贡献自诩，反而极早发现并预警了具备先天优势企业的先天劣势。我们经常会发现有些天分奇高的朋友就满足于"靠天吃饭"，反而忽视了后天的努力，最终被"领先的脆弱"绊倒。您最大的天分是什么？是否曾一不小心被天分或先天优势所累？

以当家吃饭""一个金娃娃可以啃到底"的心理造成的"一长掩百短""一俊遮百丑"式的脆弱。实际上，不同的领先会造成不同的脆弱，如果各路领先者都能清醒地意识到自己的脆弱，积极地弥补和完善自己的脆弱之处，我们企业界将避免多少"不该发生的故事"？

刘邦得天下的"秘籍"[⊖]

刘邦出身低微，且颇有顽劣之名，却成为汉朝的开国皇帝，人们对其中缘由的议论两千年不绝，难有定论，最佳答案仍然是刘邦自己给出的："夫运筹策帷帐之中，决胜于千里之外，吾不如子房。镇国家，抚百姓，给馈饷，不绝粮道，吾不如萧何。连百万之军，战必胜，攻必取，吾不如韩信。此三者，皆人杰也，吾能用之，此吾所以取天下也。项羽有一范增而不能用，此其所以为我擒也。"

最近与友人聊天，偶涉这一话题，我把自己的看法与友人分享，竟获得击掌称道，故把主要观点罗列于下，供方家品评。

第一，刘邦真想得天下。这话听起来特别像一句废话：刘邦想得天下，谁不想得天下？所以我特别在前面加一个"真"字。天下大乱的时候，确实可能有很多人想得天下，但绝大部分人只是想想而已，想都不敢认真想，甚至具备了得天下的条件仍然不敢认真想，比如宋朝的宋江。刘邦只是用了"三杰"，宋江都聚起"一百单八将"了，可惜他的最高目标只是"受招安"而已。

⊖ 此文首次发表于《决策参考》2014 年 1—2 月总第 21 期。

刘邦看了这篇小文章会不会从"睡梦"中跳起来，把本人引为知己？哈哈！

凡事多问几个为什么，事物背后的"所以然"就会清晰可见。在探究问题的根本时，您是否已经建立多视角、多层次地多问几个为什么的习惯？

第二，刘邦给得起。有能力帮助别人得天下者，只能寻找真想得天下、真能坐天下者追随，因为只有这样的人才能给他足够大的舞台和空间供他施展，只有这样的人才能够按照他的能力和贡献给他足够大的价值承认。对刘邦来说，因为他想要的是天下，因此能帮他得天下的人要的东西只要小于天下，他都给得起也愿意给；相形之下，项羽表面上想要天下，实际上想要的只是天下的东西而已，想要天下和想要天下的东西可不是一回事，甚至是完全相反的两码事，这就不难理解为什么项羽在给自己的功臣封赏时会呈现出那种千般无奈、万般不舍的可笑之态了。

第三，刘邦容得下。在对刘邦的种种恶评中，说他起事前不务正业、泼皮无赖者居多。岂不知，正是这段放浪形骸、游戏人生的经历使他有了洞悉人性的机会和资本。而唯有洞悉了人性，刘邦才可能在识人、用人、容人方面表现出罕见的大度和雅量，就连所谓"盗嫂昧金"的"反覆乱臣"陈平都能得到重用，最终成为一心一意帮助刘邦夺取天下、安邦定国的著名谋臣之一。

还特别值得一提的是刘邦看似表现自己懦弱无能的口头禅"如之奈何"。"如之奈何"就是"这可怎么办"的意思，一个想得天下的人，天天对着一帮能人问"这可怎么办"，是多么没有面子的事啊！其实这正是刘邦的高明之处。对一个卓越的政治领袖而言，真正需要他去把握的是大的方向、目标和动力，至于具体的方法和策略，多听听，多问问，天下智慧尽归我用，只要保有清醒的判断力和理性的选择力就足够了，又何须以自以为比天下人都聪明的方式包打天下，到头来反落个徒增笑柄呢？

这个世界就是这么有意思，案例教学的各种教材就活生生地摆在那里，至于大家能从中学到什么、学到多少，那就要看各自的需要、各自的造化了。

- 真正的英雄从来不会有个人的失败，因为他们所代表和追求的从来就不是个人的利益，而是人类的福祉。

- 所谓唯大英雄能真本色，是指一个人虽然历尽千辛万苦，穿越滚滚红尘，脸上仍能出现孩子般的笑，眼神里仍然能看到童心、童趣、童真，始终都在以自己的方式应对乃至驾驭世界。

- 只要有一点点机会和可能，就应该把建设性的思维和行动放在前面，竭尽全力对好的结果负责。伟大的批判精神里从来都蕴藏着最深刻的建设性，因为它骨子里就是要为一个美好的结果负责的，这就是鲁迅受尊敬，成为我们民族的精神脊梁的原因。伟大与渺小之别从来不在于地位和权势，而在于人格和价值。

- 人们看得到的一个人的强大、从容和自信通常是在人们看不到的地方创造出来的。

- 如果你想证明自己是一个懦夫，你可以轻而易举地做到；如果你想证明自己是一个英雄，则必然会经历千难万险。这就是世界缺少英雄的原因。其实选择做懦夫也并没有那么丢人，毕竟做英雄太难。真正丢人的是，自己做不成英雄就怀疑英雄，嘲笑英雄，并为自己成为懦夫找一大堆理由，把责任推给别人。

- 真正的强者都是爱听真话的，就因为真正的强者不多，假大空的话才会多起来。当然，有大智慧的人在任何情况下、任何对象面前都是善于把真话说出来的，只是被迫把智慧用在这种地方多少有些可悲。

- 在弱者那里，烦恼就能把他"弄死"，委屈就能把他"杀死"；但在强者那里，烦恼就是机会，就是进步的阶梯，就是命运的磨刀石，就是这个世界成就他的礼物。

- 有的人哭是想告诉世界自己失败和放弃的理由；有的人哭是告诉大家他跟别人一样有血有肉，但是擦干眼泪后他能征服世界。前者是"狗熊"，后者是英雄。

- 一个人只有内心真正强大，才可以真实地面对这个世界。从自我做起，知行合一。

- 柔弱的生命为什么会得到强大的生命无限呵护？因为那柔弱的生命正是强大的生命最重要的一部分，前者是后者存在的重要意义之一，甚至唯一的意义。

是非

成敗

我们所谓"先问是非，再论成败"，不是"不论成败"，而恰恰是为了在问清是非的前提下追求更大、更长远的成功，是为了让这个世界出现更多的"是者成，非者败"的喜剧而非"非者成，是者败"的悲剧。

75 是非与成败

先问是非，再论成败[⊖]

　　每个人都有自己的是非观，每个人也都不愿意违背自己的是非观去做事。但是，实际生活中我们会发现，并没有多少人会在做一件事情前认真地问一个"为什么""这件事对不对""该不该去做"；单位里偶尔碰上一个特别"较真儿"的人，同事还可能觉得这个人很可笑，领导则可能把他当"刺儿头"，甚至让他坐"冷板凳"。

　　大部分人不愿意问是非可能主要有两个原因：一是人们会天然地认为是非早就被前辈、领导、组织、国家等远比自己强大的人或机构问过了，轮不到自己来问；二是当在某些地方产生了质疑，试图去问一问是非时，却发现一件看似很小的事情背后可能很复杂，也很麻烦，自己根本就"问不起"，结果就变得越来越"识趣"，越来越"懂规矩"了。

　　既然是非早就被问过了，自己想问也"问不起"，人们也就只能在"成败"上下功夫了。无论中国古语中的"成者王侯败者寇"还是西方民谚中的"是非的标准永远是成功者制定的"，说的都是一个意思：要想谈论是非，先得创造资格！

　　⊖　此文首次发表于《中国企业家》2009 年 7 月第 13 期。

当人们普遍不敢问是非，不愿问是非，不习惯问是非的时候，自己的"命"是暂时保住了，人类的命却一天天危险起来。为什么这样说呢？第一，昨天的是非标准哪怕的确是对的，也一定会有过时的时候；一个国家的美丽，可能正是另一个国家的哀愁。随着时空的转移和坐标系的变化，是非依据和美丑标准的不断调整是必然的，也是人类进步的必须。第二，总有一些自大的掌权者和自私的聪明人去搬弄是非，人为地让那些本应服务于公共利益、整体利益、未来利益的标准跑偏了，转而成为个别人、个别利益集团满足个别利益、眼前利益的工具。如果没有人不断地去问"为什么"，这种跑偏就会越来越大，越来越荒唐。第三，人都是善于学习的，如果不断有不问是非，只论成败的"成功榜样"出现，追随者和效仿者就会越来越多；如果这种"成功"是建立在上面所说的过时的、跑偏的、对人类整体利益和未来利益构成重大威胁的是非标准之上的，那么，这种"成功"越大，这类成功者越多，对人类的伤害也就越大、越多。第四，作为"万物之灵长"、宇宙间迄今为止已知的唯一高级智慧生命的人类，其作战工具不断升级，杀伤力不断提高，今天的科技创造力和它带来的潜在的环境摧毁力，已发展到一旦失控就可轻松毁灭人类乃至整个地球的程度，且仍然处于高速进步和无限提升的过程中。以此为背景，如果人类最重要的"软件设计"即"是非观"出了大问题，那么人类自相残杀的形式将不断翻新花样，这个世界将充满随时可能引爆地球的"核按钮"，人类将迅速自我毁灭就不再是一种可能，而成为一种必然。地球上如果没有人类这群"万物之灵长"，蚂蚁、老鼠还可以再继续自由地生存几千万年、上亿年；有了这群"万物之灵长"，因为他们的强大、贪婪和短视，其高级文明阶段只持续了几千年就已经搞得不但可能他们自己的生存不可持续，连整个世界都可能被动地成为其自我毁灭的殉葬品。人类到底是"万物之灵长"还是"万物之罪魁"呢？

这就是我一直深深地感谢这次席卷全球的金融危机、经济危机的理由。它使我们一路狂奔、冲向悬崖的脚步骤然暂停，避免了粉身碎骨；它使正在全速飞行的"人类号"航班在剧烈颠簸后紧急迫降，有机会在一片慌乱的地面上安全地换"发动机"，暂时逃过了"机毁人亡"的大劫。

让我们的脚步等等我们的灵魂吧，不要让人类越来越强大的翅膀迷失应有的方向！

但很多美好的希望、梦想，高远的目标、蓝图常常成为人们的笑柄，因为人们往往认为其虚幻、缥缈和不可实现，"先问是非，再论成败"的说法也特别容易受到那些不问是非的"成功者"们嘲笑。

但愿从现在开始，人们能把自己的讥笑、嘲笑变成更高尚、更负责任的笑。因为我们所谓"先问是非，再论成败"，不是"不论成败"，而恰恰是为了在问清是非的前提下追求更大、更长远的成功，是为了

说给读者

文中问的"是非"其实一点儿都不抽象，也不复杂，简单问三问就明明白白、清清楚楚了，这三问就是一个人要做的事和做事的方式"是否伤害别人，是否伤害环境，是否伤害未来"，这三问也可视为稻盛和夫先生"作为人，何谓正确"的具体化。

做任何事情之前，您是否在心里认真地问过自己这三个问题呢？

让这个世界出现更多的"是者成，非者败"的喜剧而非"非者成，是者败"的悲剧。

可能有人会说，世上万千事，如果没有明确、统一的标准，即使想问、敢问，这个是非又该怎么问？从哪里问起？君不闻"人人心里有杆秤""公道自在人心"？只要我们乐于并勇于对人心的公道负责，只需三问即可丈量天下一切值得丈量的是非：这件事会伤害别人吗？这件事会破坏我们的生存环境吗？这件事会危及我们的子孙赖以生存的未来吗？

"先问是非，再论成败"，用是非评价成败，用成败廓清是非。为了世界的安全和健康，为了人类的尊严与荣誉，让我们从现在做起，从自己做起。

先问是非，必论成败^一

五年前，我提出新商业文明的核心价值观应该是"先问是非，再论成败"。这种说法虽然有些"理想主义"，但还是被广泛地传播并在很大程度上被接受了。原因有二。

第一，"先问是非"貌似抽象，其实只要问三问，这个"是非"就很具体、很清楚了，这三问即你所做的事情、所从事的商业行为是否伤害别人，是否伤害环境，是否伤害未来。

第二，就像人们所看到的、我们身边天天都在上演的：只要不把是非放在前面，这个世界成功的人与机构越多，人类在整体上就越危险。正如我曾说过的另一句话：人类之所以越来越危险，不是因为没有能力做对的事情，而是做的不该做的事情太多了。

现在我们把"先问是非，再论成败"改一个字，将"再论成败"变成"必论成败"，因为原来那八个字容易被人误读为"只问是非，不论成败"，甚至"先问是非"会被人当作"不论成败"的借口。

一 此文 2014 年 5 月首次发表于《决策参考》。

仅就价值理念而言，是非成败确实可以分开来说，分开来看，即无论结果如何，都不是我们不讲良心、不问是非的理由。但在实践中就不同了，如果越是"先问是非"的人失败的概率越高、越容易沦为被人嘲笑的可怜虫，谁还愿意把是非放在前面呢？更何况，商业机构、企业家本来就是必须对结果负责的，即使不以成败论英雄，也总不能成为举着真善美的旗帜却总打败仗的"狗熊"吧？

由此，我突然想到一个平时不太好理解的词"君子误国"，"君子"怎么可能"误国"呢？从是非与成败的关系看，只问是非，不论成败，甚至只把是非挂在口头上、放在姿态里，就一定容易误人、误事、误企、误国；如果能做到先问是非，再论成败，问清是非，必论成败，勇于并善于让是者成，非者败，就不容易误人、误事、误企、误国了。从这个意义上说，"误国"之"君子"，即使不是"伪君子"，至少也算不得"真君子"，因为"真君子"的追求是"惠及天下"，你连对结果负责的能力都

说给读者

这篇文章可视为《先问是非，再论成败》的姊妹篇，而且有了这一篇才算完整。真小人固然面目可憎，伪君子则更加令人唾弃且常有一定的欺骗性。

本人其实最担心原来那篇文章被误读为"只问是非，不论成败"。先问是非者更能对结果负责，更善于取得更大的成功，不是"应该"如此，而是"必须"如此，否则人类真的没有什么希望了。事实上，只有把是非放在前面，取得的成功才能给自己带来更大的成就感与意义感、幸福感，这种成功也才来得更持久。您是否认真比较过基于先问是非或不问是非取得的"成功"的不同呢？

没有，甚至都没真想对结果负责，怎么去"惠及天下"？

中国人修炼的最高境界是"内圣外王"，是"是非本成败"，即"是非与成败在践行中的合一"。真正做到了"先问是非，必论成败"这八个字，离那个最高境界可能也就不远了。

重新洗牌^一

又是辞旧迎新时。

过去的一年，不断听到企业界的朋友说，现在是"死老板的时代"。因为回头看看，那么多声名鹊起、大红大紫过的企业和企业家都接二连三地倒下了，有些可能再也爬不起来。那些生命力比较顽强的，大部分也是在苦苦支撑，昔日呼风唤雨、左右逢源的情形没有了，风光难再。

许多人发出疑问：中国的企业还要挺多久？还能挺多久？

其实，好过的企业还是有的，好过的企业家也是有的，而且可能越来越好过。来自这个阵营的一种声音说：有些企业和所谓的"企业家"天生就是"怪胎"，就是有致命缺陷的"畸形"，该死的死不了，该活的也活不好，倒不如死了干净。

反差之大，令人惊讶。

其实，经过 20 年的改革开放，中国的企业已逐步进入"重新洗牌"阶段。更为重要的是，之所以要"重新洗牌"，是因为我国经济的发

○ 此文首次发表于《中国企业家》1999 年 1 月第 1 期。

中国的企业家群体经过一轮轮的"重新洗牌"，一批批的前赴后继，没有最难，只有更难，那些特别顽固的终于迎来了直面世界百年未有之大变局的极致考验。有道是"伟大的企业都是冬天的孩子"，您能理解这些"孩子"真实的生存状态及其对这个社会的贡献吗？您愿意用适当的方式为它们提供哪怕一点点温暖吗？

展、社会的进步都强烈要求企业界建立一种新的游戏规则，并逐渐强制性地迫使每家企业、每个企业家都按照这种新的游戏规则办事。在此过程中，那些不适应新规则或对新规则的到来缺乏准备的企业和企业家，自然会越来越难过，并最终难逃被淘汰的命运；而那些一直呼唤新规则，营造新规则，乃至一开始就是在新的游戏规则建立健全的过程中应运而生的企业和经营者，他们的心态是平和的，步伐是稳健的，对未来充满信心。他们从不担心"红绿灯"和"交通警"的出现会影响自己前进的速度。

因此，对那些在社会转型过程中迅速完成了原始积累的人来说，近些年留给他们完成"素质积累""能力积累"的时间已经够多了，如果没有完成这些积累，则退出历史舞台是必然的、毫不足惜的。因为历史曾让他们碰上的那种一夜暴富的迷梦再也不可能重演了。

真正值得珍惜和爱护、支持的，是那些在"重新洗牌"后回到"牌桌"，并按新的游戏规则"出牌"的人，不论输赢。

研究失败^一

改革开放以来，巨大的时代机会造就了一大批成功者。正当梦想成功的后来者把第一代成功者视为偶像，并千方百计探寻他们的成功秘诀时，明智的成功者却悄然移身于聚光灯很难照到的地方，潜心研究起失败——主要是成功者的失败来。

年初见到祥云集团的总裁王云飞，他的一句话给我留下了深刻印象：成功企业的人坐到一起交流成功的经验，远不如互相展示乃至剖析一下失败的教训有价值。由此想到，一个企业也只有不断地总结自己的小教训、中教训，才可能避免出现大的教训；只有不断地研究自己局部的、战术的失误，才可能避免出现全局的、战略的失败；只有善于把别人付出的惨痛代价转化为自己宝贵的精神财富，才可能避免重蹈别人的覆辙，招致令人痛心的灭顶之灾。

具体到《中国企业家》，我们隆重推出的一系列成功案例固然大受欢迎，但更受欢迎的却是精心策划的研究失败的独家报道，如 1997 年第 4 期的"封面故事"——《史玉柱：大祸与大惑》，以至于这期本来留

一 此文首次发表于《中国企业家》1997 年 9 月第 9 期。

137

作合订本的库存杂志也不得已出售了一批，以不让急于拿到杂志的读者失望。

可以告慰广大读者的是，今年（1997年）第9期——也就是读者手中的这期杂志，又推出了一篇研究失误、研究失败的巨型报道——洋洋四万言的"封面故事"。故事讲述了两年前姜伟和他的沈阳飞龙保健品有限公司（简称沈阳飞龙）突然在地平线上消失之后都干了些什么。用姜伟自己的话说，这两年沈阳飞龙在做所有成功的民营企业都难以避免的事情——"出天花"，并给自己"看病"；姜伟本人则做了两年的"专职思考者"，思考成功者为什么一不小心就会走向失败，怎样才能避免失败。可以毫不夸张地说，对沈阳飞龙成败得失的理性思考凝聚而成的"总裁的20大失误"，以及姜伟极其认真投入地配合本刊特派记者的采访而形成的精神成果，未必比延生护宝液等给沈阳飞龙带来巨大成就的物质成果逊色。我们相信，那些冲破各种困扰负重前行的企业家们，如果认真研读一下这期的"封面故事"，体会一下两年来姜伟的种种忧思，肯定会获益匪浅。

说给读者

本人针对中国商界最早提出"研究失败"，并于25年前主编并出版了《研究失败》一书。企业需要研究失败，人生又何尝不需要反思、反省？常言道"失败是成功之母"，您是一个善于从自己和他人的失误、失败中汲取经验教训，从而成多败少乃至于持续成功的高手吗？

诚如姜伟所言，每个企业的成功都有些特殊条件和机缘，也就是说成功的企业家各有各的路，别人很难仿效，可失败的企业家却有许多共同之处，值得所有人借鉴。

沈阳飞龙能否重振雄风可能还有待观察，但其留下的"路标"无疑对后来者具有长远的警示价值。

追求成功三要诀[⊖]

经常与企业家等各种成功者打交道，难免会对成功之道感兴趣。观察研究后的结果是，成功的逻辑其实很简单，不过三句话而已。如若不信，听我道来。

第一句话：把原则当作命根子。

所谓原则，就是你发自内心认为是对的、必须坚守的东西，也可以说是你做人、做事"万变不离其宗"的那个"宗"。"把原则当作命根子"这句话谁都能听得懂，大部分人也能做得到，但是又有多少人真的想这样做，真的在这样做呢？就算真的想、真的在这样做，又有多少人在滚滚红尘之中，遇到压力或诱惑能够坚定地、持久地做到对自己的原则"不抛弃、不放弃"呢？世界上有太多的理由让我们放弃乃至背叛自己的原则。也许我们并未意识到，从我们放弃原则的那一刻起，自己已经开始迈向庸人的行列了。

第二句话：用智慧来增强原则的柔韧性。

在生活中我们不难发现，成功者未必是最聪明的人，有些甚至连聪

⊖　此文首次发表于《中国企业家》2008 年 11 月第 21 期。

明都算不上；而很多聪明人也并不成功，倒是经常"聪明反被聪明误"。这说明什么呢？说明一个人如果把他的聪明用在合适的地方，用来捍卫自己的原则，他的聪明不但对自己的成功是够用的，还可能被提升到智慧的层面（智慧不但包含智商，还包含美德）；一个人如果把他的聪明用在不合适的地方，用来背叛自己的原则，这种聪明往往会表现为"小聪明"，或者所谓的"聪明不高明"，结果是越忙越乱，越乱越忙，庸人自扰，一事无成。

说到这里，我们就知道一个人的聪明才智服从、服务于原则的重要性了。原则固然重要，但其性刚直，刚则易脆，直则易折，因此特别需要用智慧来增其柔性、韧性、弹性；智慧虽有神通，但其性若水，水性无定，无定则乱，因此特别需要用原则来当其家，做其主，定其性。一个人一旦能够把二者在实践中很好地结合起来，则可望让原则贯彻始终，令智慧增益无穷。即使一个天生愚钝的人，修炼到一定程度也可能达到"大智若愚"的境界。

第三句话：登高望远，培养健全的思维方式。

我经常会遇到一些曾经非常成功却突遭意外之祸的朋友诉苦，而诉苦的主题往往是事发多么偶然，自己多么无辜，遭遇多么不幸等，总之是错不在己，无端倒霉。我当然也深为惋惜，深表同情，但同时也会用我的分析方法告诉对方，所谓"偶然"就是两个或多个"必然"的相撞。孤立地看，很多逻辑都是完整甚至是完美的，是可以自我闭合、互不相干的。问题在于我们所处的时空实在是太拥挤了，一不小心就可能发生各种"意外"和"车祸"。当我们自己的逻辑只是自行车的时候，撞上汽车会成为牺牲品；当我们的逻辑是汽车时，撞上装甲车会成为牺牲品；当我们的逻辑是泰坦尼克号时，撞上冰山会成为牺牲品；当我们在海滩漫步时，碰到海啸会成为牺牲品……在我们照顾不到的地方，随时有可能潜伏着一种远比我们强大的力量，或磨刀霍霍，或漫不经心地等待我们陷入罗网。这就要求我们永远保持一颗敬畏之心，经常登高望远，多学多看，尽最大努力在了解、理解和尊重各种逻辑的前提下，安全地强化、放大和延伸自己的逻辑，竭力避免各种可能的意外夭折或突然死亡。想想看，健全的思维方式对长远的成功有多重要？

最后我还想再跟大家分享一下的是自己让坚持原则变得不那么困难的心得：如果你知道这个世界绝大部分人在乎的绝大部分事都不值得你在乎，真正值得你在乎的只有那么一点儿原则的话，坚持原则就没有那么困难了；如果你知道今天看上去冷冰冰的原则意味着明天更大的快乐、更大的利益、更大的成功和意义时，坚持原则就没有那么困难了。

不信就试试看？

"三要诀"的根本是正确的价值原则，原则错了，行为全错，根基不稳，地动山摇。您有没有自己一以贯之的人生原则？坚守这个原则所遇到的最大挑战是什么？

创业家一劫[○]

新世纪第一个春天的一个夜晚，我们把中国企业界、经济学界部分最优秀的脑袋聚集在一起，探讨一个看似空泛的"财富良心"问题。

晚上 7 点半，当这些平时被记者围追堵截、对记者避之唯恐不及的新闻人物一个个准时来到我们小小的会场时，我的心里陡然产生了一种非常复杂的情绪。一来是因大家对《中国企业家》的厚爱与信任而产生的喜悦。过去的经验告诉我们，只要这些重量级的人物能够履约赴会，就注定了这次会议将是精彩的、成功的，甚至经常会让人有些意外的惊喜和收获。但喜悦的同时，我的内心深处又产生了一丝难言的愧疚与压力：把这些人请到一起，对一般的媒体是多么不易、成本多高的事情啊！而我们做得是那样的轻松和随意。我们是否滥用了企业界和学界的巨头们对我们的信任？开这种小会，我们的成本很低，可是他们的成本很高啊，毕竟他们的时间太宝贵了，那么，我们是否有能力让他们这种昂贵的付出体现出应有的，尽可能大的价值？因为我可以确信，他们的发言绝不仅仅对《中国企业家》有价值，对更多的报纸、杂志乃至于广播、电视、网络的读者、听众、观众和网民都会有重要价值。那么，我

○　此文首次发表于《中国企业家》2001 年 4 月第 4 期。

设身处地跟着本人的思路走，你会发现敬畏、感恩与珍惜之心，会发现居安思危的思维方式，也会发现"成也萧何，败也萧何"的忧虑与警醒。如果"创业家一劫"落到自己身上，您是否已经拥有了"一招鲜，吃遍天"的那一招？如果有了那一招，您能否使其逐渐生成一个生命系统，从而不断深化、放大、平衡、闭环、稳定地持续下去？

们是否能做到让这次小小的而又非常重要的会议实现传播最大化、价值最大化呢？很遗憾，我们做不到，至少目前还做不到。做不到，就意味着一般人无法获得而我们可以独家获取的稀缺资源会在很大程度上被浪费掉、埋没掉，其应有的社会效益和经济效益都将大打折扣；做不到，还意味着我们创造、加工信息产品和精神产品的能力与推广、销售这类产品的能力是不对称的，这种不对称如果长期得不到解决，必将使我们事业发展的步伐放缓，直至被竞争对手淘汰。

费这么多笔墨谈我们一次成功的会议引发的联想，一直联想到我们将被淘汰，目的并不在于仅仅警醒我们自己。

《中国企业家》几年来的二次创业成功就成功在它迅速形成并强化了自己在内容生产、产品生产上的核心能力，且这种核心能力已初步呈现出较强的独家性和不可替代性。但这种成功是有重要缺陷的，是"瘸腿"的成功，它瘸就瘸在上面所述的销售能力与生产能力的不对称上。能否在一定时间内克服这种不对称，对《中国企业家》可能是个生死劫。由《中国企业家》推及更多的创业型企业，凡是创业成功的企业和企业家，一开始靠的都是自己的独门功夫和重要法宝，比如联想与其他高科技企业反其道而行之的"贸工技战略"，海尔无所不在的售后服务和成功的"攻心术"，等等。而一旦得了天下再往前走，原来那条屡立奇功的"粗腿"就显得越来越独木难支，原来的"细腿"就越来越需要迅速长壮、长粗了。否则，人家就可能说联想的产品技术含量太低，可能说海尔产品质量不过硬（才需要在售后服务上下那么大的功夫）。

因此，创业者在创业时可以主要依靠自己的绝招、绝活或别人没有的核心竞争力，而创业成功后要想让企业避免"一代而亡"的劫数，保持持久、旺盛的生命力，创业家则必须缺什么补什么，让企业在原来的"粗腿"之外再长出更多的"粗腿"。这可能是许多创业家需要面对的共同课题。

避免两种死法^一

企业的生生死死，就像人的生老病死一样，今天人们已经见惯不惊了。自然法则嘛，谁能抗拒？

既然是见惯不惊的事情，我们为什么要把吉利汽车——一个民营企业家创办的企业的生与死看得那么重，甚至于拿过来做封面故事，细细解剖给大家看？

吉利汽车至今生死未卜，尽管许多人认为它死定了。撇开李书福的万丈雄心与愚公式的执着不谈，如果吉利汽车死了，它和它的产品的死法与其他企业、其他企业看家产品的死法有何不同，对政策制定者和其他企业家有何警示或借鉴意义呢？

借李书福这个案例，我们想传达给读者的主要是两个意思。第一个意思是企业虽然难免一死，但不要通过种种人为的政策限制让它胎死腹中，死得冤枉、死得不服气。市场经济的伟大就伟大在，它变计划经济的一个或几个脑袋搞计划、做判断为十几亿人做判断、搞经济、负

○　此文首次发表于《中国企业家》2001 年 10 月第 10 期。

责任，以至于一不留神，就发现原来我们连想都不敢想的创造力、行动力、想象力、爆发力从四面八方、各个角落涌现出来，改变着我们的生活，推动着社会的进步。这里面当然也会有无数的教训，会有人走很多弯路，交大量学费，但是没关系，第一他交得起这个学费，第二即使他交不起，他对自己的判断、自己的选择、自己的投资，自己愿意承担相关责任，不会赖在国家和政府身上。就像李书福一再恳求的："请国家允许民营企业尝试，允许民营企业家做梦，请给我一个失败的机会。"创造一片海洋，就会有鲸鱼成长；营造一片天空，就会有雄鹰盘旋。我们的政策制定者千万不要小视民间原始的、野性的力量。

第二个意思则是借李书福的吉利汽车提醒广大的创业者、企业家朋友，不要盲目地作无谓的牺牲，不要再在必然通向死亡的跑道上起跑。在全球经济迅速走向一体化的今天，决定一家企业生死的往往并非"怎么做"的问题，首要的应该是"做什么"的问题。而作为一个真正的企业家，要知道自己应该"做什么"，就必须具备全球眼光，知道世界经济结构的调整将如何影响和带动中国经济结构、产业结构的调整，自己要做的事情将在这个不断调整的结构中处于什么样的坐标系；就必须清楚哪些梦想虽然诞生在黄土地，但必须到太平洋上收获，哪些成功经验虽然在今天是独门法宝，但明天可能会变成致命毒药。

作为一个年轻的企业家，李书福具有成就一番事业所需的足够的勇气与激情。唯其如此，一旦由于不够理性选择了错误的道路而酿成悲剧才显得特别可惜。格鲁夫说"只有偏执狂才能生存"，这话其实吉利汽车是我国汽车产业"计划生育"政策下意外降生的"野孩子"，李书福一直是一个异想天开又能直击本质的梦想家和实干家。"创造一片海洋，就会有鲸鱼成长；营造一片天空，就会有雄鹰盘旋。"您怎么看中国改革开放过程中出现的鲸鱼与雄鹰？如果有同样的机会，您愿意成为其中一员吗？

只说对了一半，偏执狂只有在正确的地方偏执才可能生存，在不正确的地方偏执，其结果就不仅是难以生存，而且可能会死得很难看。因为做企业就像做其他许多事情一样，一旦在既定的轨道上启动，不管这个轨道多长，它的终点都是既定的，往往开始就已经决定了结束时的性状。

尽管如此，我们仍然祝愿李书福的吉利汽车没有选错跑道；万一他的确已经无可挽回地选错了，那么我们就接受他的教训，把他的教训变成更多创业者、企业家的财富，这也算是他对社会的一大贡献。

莫把王婆用过头^一

　　搞市场经济，中国人最大的问题之一是有好东西不会卖。比如"祖传秘方"，哗众取宠的固然很多，但自古以来的确有不少独家、独有、独创的好东西被传来传去传没了！再看看麦当劳、肯德基，中国人说好吃的不多，百事可乐、可口可乐，中国人说好喝的不多，它们却能够像"瘟疫"一样在华夏大地迅速蔓延，何也？品质和管理自是前提，但能吆喝、善推广无疑是其更大的优势。

　　大概是很快就咂摸出了个中滋味，国人说了几千年的"酒香不怕巷子深"现在再也不好意思讲出口了，相反，倒是一度遭人嘲笑的"王婆卖瓜法"受到了人们越来越多的推崇。

　　在"王婆式人才"受到重用、"王婆卖瓜法"大行其道并大获丰收后，人们又发现王婆虽好，但嗓门有限，况且直截了当地自卖自夸毕竟容易引起疑虑，要想自然、巧妙地在更大的范围内引起注意，获得成功，就必须找一个既好，又大，还响的"大喇叭"替自己呼喊。显然，凭其功率之大、传播之远，中央电视台是被赋予这一功能的最佳载体。而想

　　○　此文 1998 年 9 月首次发表于《中国企业家》。

一夜成名的企业或产品众多，最大、最响的"大喇叭"只有一个，中央电视台的广告大受欢迎乃至后来上演一幕幕"标王争夺战"的悲喜剧就在所难免了。

应该说，中国企业从原来的不懂得宣传、不重视宣传到说与做并重、名与实并重无疑是一个巨大的进步，甚至"矫枉"有些"过正"也是必要的，可以理解的。问题在于，凡事都要有个度。王婆善自夸是好事，但如果总把苦的说成甜的、烂的说成好的，很快就会把自己搞臭；"大喇叭"声音大、传得远是好事，但如果把它用到了不适当的程度，就可能引火烧身，好事就可能变成坏事。比如秦池以 3.2 亿元的天价再度把"大喇叭"抢到手后，知名度确实提高了，妇孺皆知，天下皆知，但其结果是引得天下人拿着放大镜、显微镜来审视秦池，用最苛刻的标准来挑秦池酒，进而挑整个鲁酒的毛病。今天秦池的状况大家已经知道了，整个鲁酒也跟着吃了亏，受了累。因此，知名度用好了可以提高信誉度、美誉度，用不好就可能损害企业和产品的信誉度与美誉度。如果水面

能干会说真本事，真诚不欺是王道。劣币驱逐良币的重要原因之一是好东西不会卖，烂东西吹过了头。不会卖是能力问题，吹过头是人品问题。在这两方面您有过怎样的经验教训？又有什么好的建议？

之下没有庞大的冰山作为支撑，过度在阳光下炫耀水面上那一小块浮冰肯定是危险的。

中国已经告别匮乏经济时代。中国的消费者也已从昔日的轻信盲从变得聪明起来，谨慎起来。中国企业在经过对不懂宣传、不会"包装"一段时间的矫枉过正之后，现在是"拨乱反正"的时候了。

走出"鸡头情结"[⊖]

前几年，国内流行"一块砖头砸伤几个总经理"的笑话，国内企业界尤其是民营企业界人才流动频繁，许多人翅膀稍硬就想独挑一摊"过把老板瘾"。

为什么那么多国人在这个问题上耐不住性子，似乎做梦都想当老板？这自然与改革开放给人们提供了众多的机会和身边无数成功者的示范效应有关，但也毋庸讳言，"宁做鸡头，不做凤尾"的千年古训依然在这些人的头脑中起着作用。

"宁做鸡头，不做凤尾"可说是权力至上或官本位社会中的一种经验之谈。因为"鸡头"虽小，却能决定自己乃至整只"鸡"的命运，而"凤尾"再漂亮，也只能是"别人"身上的点缀。在这种思维框架下，如果不可能做"凤头"，人们争做"鸡头"就不足为怪了。"鸡头"之于某些官员，往往意味着特权而非责任，意味着放纵而非制约，意味着"我说了算""我即是法""官大一级压死人"等；当然，对那些壮志未酬的理想主义者来说，在更大的范围内无力回天，做了"鸡头"也就有了创造一方净土、实现某种理想的机会。

⊖　此文 1997 年 4 月首次发表于《中国企业家》。

152

问题在于，目前我们这个社会所发生的，的确是历史上从未有过的深刻变革，人们尚未来得及做好充分的思想准备，这场变革即已渗透并改变了社会生活的许多方面，包括我们原本熟悉的一些概念的内涵。就拿"宁做鸡头，不做凤尾"中的"鸡头"一词来说，有多少人真正意识到了它在新时代背景下的不同含义？意识到了作为某些官员的"鸡头"与作为老板的"鸡头"的巨大差别？新时代背景下的尤其是作为企业老板的"鸡头"，意味着比常人更大的责任、更多的风险、更高的决策水平、更出众的驾驭能力，甚至更少的真朋友和更深的孤独感。具备这种大智大勇的"鸡头"，在实践中经过千锤百炼就可能变为"凤头""龙头"，成就一番像样的事业；反之，如果仅仅是为了过把老板瘾、当一回"爷"而做"鸡头"，最终不但可能贻误事业，还可能葬送自己。因为人在两种情况下最容易变坏：一种是德能驾驭不了权力的时候，权力使人作孽；另一种是素质驾驭不了金钱的时候，金钱使人堕落。"鸡头"毕竟也是"头"，而且往往是缺乏制约的。

"人在两种情况下最容易变坏：一种是德能驾驭不了权力的时候，权力使人作孽；另一种是素质驾驭不了金钱的时候，金钱使人堕落。"同等条件下，您更愿意做"鸡头"还是"凤尾"？为什么？

不可否认，有些人愿意做"鸡头"，是吃亏上当怕了，觉得只有自己独掌门面才有安全感，才能保护自己的利益。应该说，这是"人治社会"的一种典型心态。然而，既然我们这个社会正在大步跨入法治时代，社会主义条件下的市场竞争正在变得平等、规范、健康和有序，一切有识之士还有什么理由不从古老的"鸡头情结"中走出来，培养更多的平等意识、合作精神呢？

鼓励大家走出"鸡头情结"，并非不赞成在时机成熟时勇做"鸡头"，今天的许多"凤头""龙头"，不大都经历过"鸡头"的磨炼吗？关键是要有积极、健康的心态，能够冷静、客观地处理好"鸡头"与"鸡尾"、"鸡头"与"凤尾"、"鸡头"与"凤头"等之间的关系。只要有人能够胜任愉快，我们这个时代比以往任何时候都需要真正的帅才，需要在市场风云中运筹帷幄、决胜千里的帅才。

研究"长寿"之道[⊖]

  "世纪名牌"这四个字，对初入市场经济的中国来说分量是很重的。我们的百年老字号本来就少，形成规模，在今天仍能称雄市场的老名牌更是屈指可数。近年来"黑马"、新秀倒是层出不穷，但分明是昙花一现的多、经久不衰的少，所谓"各领风骚没几年"，如此，百年之后又能花剩几朵？正是从这个意义上，笔者不由羡慕起 1892 年创建"张裕酿酒有限公司"的张弼士先生来。一百多年了，其间张裕公司虽然也不乏风雨洗礼、兴衰沉浮，但毕竟经朝历代地活了下来，且终于躬逢盛世，老树新枝，有了尽吐芬芳的机会。张老先生泉下有知，也该感到欣慰了。

  面对百年张裕，今天的创业者和企业家们不知几人能有如此自信：五十年、一百年后乃至更远的将来，在我们手里创下的牌子将历久弥坚，在我们任上打下的基业将发扬光大。这也许是个令人尴尬的问题。记得 1992 年到长虹采访，颇有大将风度的倪润峰先生气贯长虹：不远的将来长虹将成为中国的松下。果然，近几年长虹事业突飞猛进，成为中国名副其实的彩电大王。但我们仍然深深地担忧着（但愿是杞人忧天）：长

⊖ 此文 1998 年 5 月首次发表于《中国企业家》。

日本的百年企业已经超过了3万家，我泱泱5000年文明史的中华民族，百年老店仍屈指可数。企业是创始人及其追随者人格的载体，这个载体如能承载一群人更高的生命意义和梦想，就有望比一个人的肉体生命活得更长久。在您看来，中国的改革开放是否为中国企业的基业长青创造了更好的条件？您对中国出现更多百年老店有些什么好的建议？

虹是否已营造好良性循环的机制？离开倪润峰，长虹还能否玩得转？最近的一个消息更加深了我的这种担忧：听说某啤酒集团的创业者"光荣退休"后，两位非企业界人士分别继任董事长和总经理。人老了，退出历史舞台在所难免，问题在于，任何成功的企业都有其长远的战略设计和发展思路，如果我们承认经营企业有其内在规律的话，在更换企业经营者这种可能影响企业生死存亡的大事上能否如此轻率？

羡慕张弼士，是希望我们更多的企业研究一下"长寿"之道，更多的产品能成为世纪名牌、国际品牌，而避免那种火爆一时却很快夭折的悲剧一再发生。当然，正像人得癌症会死，得艾滋病也会死一样，不同的企业可能会有不同的病因、不同的命运。但只要我们"善待生命"，努力改善企业和企业家的生存环境，日后我国企业界出现一大批"老寿星"还是可以指望的。

延长自己的季节[○]

　　在我看来，"三株"短短数年间的突然崛起，不唯在中国，恐怕在全球商界都属罕见，这应与中国市场经济特定的发展阶段乃至这个阶段所提供的特殊机遇有关。但中国之大，有同等条件、同样背景、同类机会的人以万万计，而真正在短时间内创造出令世人惊叹之大业绩、大成就者又有几人？因此，透过"三株奇迹"，不能不佩服吴氏父子的出众之处，从这个意义上，说他们是弄潮商海的传奇人物，我看也并不为过。

　　"三株奇迹"已成历史。奇迹的发生、发展，日后还会有更多的人去研究、更多的文章去总结，以期把"三株"的独特实践变成商业社会共同的财富。但我们现在关心的，是奇迹之后的"三株"怎么过，是所有那些经过了一段令人炫目的"超常规"发展之后的企业，能不能健康、持久而"常规"地生存发展下去。

　　每个企业都有自己的"季节"，有自己的春夏秋冬，而所谓"奇迹"，所谓"超常规"发展，一般都是在企业的成长期——"春季"发生的。

　　○　此文 1998 年 8 月首次发表于《中国企业家》。

一个生命的生命周期在很大程度上是由它的基因决定的。我们很难改变自己的基因，却完全可以影响甚至决定自己创造的企业或事业的"基因"，也就是它的价值主张、治理结构和成长方向。您认为一家企业、一项事业或一种思想理念最重要的长寿基因是什么？这种基因与利他，与意义感有什么关系？

在这个季节里，从"生根发芽"到"破土而出"，从"破土而出"到"拔节快长"，几乎每一步都是"超常规"的，都是生命的"奇迹"，而一旦到了成熟的"夏季"，其更多的变化则由外转内，由"看得见、摸得着"的量的积累变成了"看不见、摸不着"的质的飞跃。因此，人也好，企业也罢，不可能永远生活在自己制造的"奇迹"里，不可能永远"超常规"发展，其后的生命状态才是更为持久也更为真实的。

大自然有一个可怕的规律：越是生长快、成熟期短的生物，寿命就越短，甚至"智商"也往往越低；反之亦然。譬如人类作为"万物之灵长"，其他生物就不得不服：天地间有多少动物能像人类这样，仅哺乳期就好几年，喂养到十几岁还不通世事，二十几岁仍"愣头愣脑、毛手毛脚"，三四十岁还不能算"真正的成熟"呢？遗憾的是，近年来我们的某些企业唯恐自己生长期太长，成熟得太慢，甚至不惜揠苗助长，或给自己服些"激素"类的药品催长催肥，结果"奇迹"变成了"畸形"，

"超常规发展"很快变为"超常规衰落",这样的例子在我们周围几乎到了俯拾皆是的程度。

说这番话并不是想让那些有条件快速发展的企业故意放慢速度,也不是要那些有能力创造奇迹的企业家们变成庸人,而只是想借此提醒企业界的朋友们:创造奇迹时不妨好好想想奇迹后的日子,"超常规"一定要着眼于长远发展,谁都希望自己所从事的事业天长地久,那么,为什么不设法延长一下属于自己的每一个季节呢?

如何做到"大树前头万木春"[⊖]

不论是传统意义上的"大树企业",还是在近几年迅速崛起的新生代"大树",如今都面临着一个同样的问题。有些已经取得很多辉煌,长成参天大树,但是有些老了,甚至病了濒临死亡,如果不转型、不创新、不升级,就有可能变成"病树前头万木春"。

实际上,在互联网 + 的大背景下,正和岛倡导的是,已经取得各种阶段性成果的优秀企业,尤其是传统企业,能够通过积极地拥抱移动互联网进行创新,做到大树不老,或者叫大树新春,与小树一起拥抱新的春天。

如今,一颗种子从播种到长成大树的生长逻辑和周期确实发生了很大的变化,比如小米能在短短几年之内成长为世界级企业,其模式被很多人推崇。当然,小米能做到今天,有其特殊性。雷军在 IT 界早就扎根很深,根系很广,所以小米才会一冒出地皮就显现出蓬勃之势,这与雷军丰厚的积淀不无关系。在移动互联网时代,商业模式也在不断地创新升级,有些"大树"的生长速度与过去全然不同。想想阿里巴巴,也就用了 16 年的时间,便跻身全球公司前列。

⊖ 此文 2015 年 5 月 21 日首次发表于新浪财经。

有一些创新型企业在新的浪潮当中涌现出来后，虽然在短时间内成长为"大树"，但是如果跟不上创新的潮流，也会很快老去，比如传统的门户网站。就连马化腾也在吓唬自己说，如果微信不是腾讯做出来的，那得有多么可怕。所以，即便是新崛起的"大树"，也应该有非常强烈的危机感。

如今的商业环境背景下，"大树"间的合纵连横成为一个特别良性的现象。过去各个领域的老大都自认为很牛，恨不能把所有的竞争对手都看成敌人，只有竞争，没有竞合。但实际上，再厉害的"大树"，想独木成林也非常困难，自己如果无法形成有效的价值链和生态体系，或者不能与其他拥有核心竞争力的"大树企业"形成互补，也是没有安全感的。

今年习近平总书记在博鳌论坛上提出，"要摒弃零和游戏、你输我赢的旧思维，树立双赢、共赢的新理念，在追求自身利益时兼顾他方利益，在寻求自身发展时促进共同发展"。我们一直在倡导的"正和"不就是响应了习近平总书记的号召吗？

原来大家都很自信，很有安全感，但是今天一不小心就会被颠覆，甚至都不知道会被谁颠覆。正因如此，大家现在都变得很谦虚，一个是对同等的"大树"变得谦虚，一个是对未来的"小树"变得谦虚，我觉得这是一个特别好的现象。而且，与需求有差异的、有不同核心竞争力的"大树、中树、小树"形成联合对接实际上也是在让自己焕发青春，就好像树木之间的嫁接一样。企业家和企业家之间，企业和企业之间，包括大企业和这些创业型的企业之间，如何努力地相互理解，如何努力地相互学习，这是一个特别重要的事情。

近几年，在一些行业，出现了老大与老二的合作重组，这就如同"1+2=100？"，也就是赢家通吃。它们谁也消灭不了谁，相互竞争的时候会消耗越来越多的资源，因此，通过合作把彼此的核心资源整合起来，一起来做大市场，通过服务天下来赢得天下，而其他竞争者很有可能就会逐渐被淘汰。

但为什么还有一个问号？因为没有达到百分之百的可能性，只是无限接近百分之百。所以"1+2=100？"这个公式是可以成立的，这就相当于有了一个正和的载体，从而实现强强联合。

所以，我们说"大树前头万木春"，已经辉煌过的大树不想提前老去甚至死去，要想再次焕发青春的话，就要学会跟这些面向未来的"小树"一起拥抱未来。

实际上，企业的转型升级也要看清楚自己是否拥有相应的基因，是不是那种动物。一种动物很难变成另外一种动物，互联网思维也正是基于互联网的基因。

从这个意义上说，大树级企业转型其实非常困难，大树新芽或许比较容易，但是要让老树、病树迎来新的春天，这个突破口就在于企业家本身。不论是企业家的学习能力还是创新意识，都像一把钥匙一样，一方面看你能不能找到这把钥匙，另一方面也不是找到了这把钥匙就一定能行。但就是连这样一把钥匙，很多企业家都没找到，他其实自己都没有想明白为什么转型，怎么转型，自己在意识和观念上还没有打开。

去年我在一个论坛上提到一个概念叫"青春主权"，或者叫"互联网原住民主权"，人类数千年的历史，从来没有像现在这样，越年轻越强大，不是将来强大，是现在就强大，因为他们被人类最先进的一个工具所武装，可以随时随地得到全人类最新的信息价值和文明成果，也就是说他们获取信息以及与世界互动的方式完全变了，而且他们总是被最新的方式和工具以最快的速度所武装。

而很多昨天很辉煌，今天看起来还很牛的人，他们与世界互动方式的过时、工具的过时，造成刚被武装起来就已过时。就好像现在已经是手枪时代，你的武装还是刀子、红缨枪，这些都已成为摆设。

所以，企业家不光自己的内心要有强大的转型动力，还要有非常强的学习能力。除了大树新芽、合纵连横之外，其实还有我之前说过的一句话"学会和未来谈恋爱"，这实际上也是一种方法论。

大树不老，小树不弱，共同形成"大树前头万木春"的良好生态，是正和岛持续推动的方向。您和您的企业处于成长期的哪个阶段？相对于本人8年前的观察与期盼，您认为中国企业和企业家的生存环境、动力机制发生了哪些变化？在这些变化下如何做出一些更加积极主动又务实理想的选择？

163

大周期视角下
企业发展的四个主题词[⊖]

回顾 2022 年甚至过去 3 年，展望 2023 年乃至于更远，我说几个主题词。

第一个主题词是"可能性"。

改革开放 40 多年，大家都是参与者和建设者。我相信大家过去这么多年来想的各种可能性，全是"好的可能性"吧？其实往远处看、往高处看，还有各种各样不同的可能性。我觉得这几年尤其是今年"不好的可能性"非常多，甚至我们从来不认为这些可能性会发生在我们身上，发生在中国企业身上。这些可能性一次次撞破大家心里的底线，甚至有一种说法是"没有最坏，只有更坏"，所谓"真实的人性有无尽的可能""太阳底下没有新鲜事"，好事在不断地发生，坏事也在不断地发生。

所以，我们要用理解和敬畏之心，面对各种可能性，不但是"好的可能性"，更要包括"坏的可能性"。尤其在看"坏的可能性"的时候，

⊖ 此文源于 2022 年正和岛最后一次公开课演讲。

我们要让自己用一颗平常心来看待。这个世界上包括历史上任何不好的事情降落在我们的头上其实都不意外，在这样的一个前提之下再看"好的可能性"，我们就会更加珍惜，更加珍视。改革开放几十年，全是高歌猛进，全是向好的东西，全是各种更大更好的可能性，这不是天经地义的，在人类文明的几千年和中国文明过去的几千年，其实都是非常难得的。所以在这种情况下，我们要能够理性地用一颗平常心看各种不好的可能性。

我曾经说过一句话："胳膊拧不过大腿，最粗的大腿永远是趋势，永远是规律，永远是潮流。"所以，在我们要保持敬畏之心，在面对各种"不好的可能性"的前提之下，还要看到我们自己的生命、企业的生命遇到"好的可能性"的机会依然是巨大的。

第二个主题词是"意义感"。

虽然改革开放已经过去 40 多年了，但到现在为止其实大部分中国企业家做企业的目的，主要追求的还是财富与成功。财富与成功其实并非人生的真正目的，它们只是手段，当你没有得到这些东西的时候，你可能觉得它们很重要，你真正得到的时候，如果它们没有承载生命的更高意义，你会发现踩空了。

但为什么要说"意义感"这个词？因为在我看来，中国企业可能90% 甚至 95% 以上都需要提升意义感。做企业的意义就是"使命、愿景、价值观"，而大部分企业真实的使命、愿景、价值观所提供的外在的方向和内在的动力都是不够的。这个世界的声音越来越嘈杂，如果我们向外去寻找意义感，寻找动力，显然会失望，所以这个"意义感"更多地应该回到我们内心去寻找。

企业发展有周期——产业周期、经济周期，但是更大的周期可能是历史周期、文化周期。比如老子的《道德经》，人类几千年历史上它一直在发挥作用，再过几千年甚至几万年，它还会发挥文化作用。我们的古圣先贤，其实他们承载着每个人追求的方向，就是所谓天理良知是一致的。

所以，我们要到内心寻找我们的家族、我们的企业、我们的团队更高的生存意义、更大的内在动力和外在方向。只有找到这些东西，企业家们想要穿越经济周期，走向一流乃至走向百年才是真正有可能的。

第三个主题词是"专注度"或者"专注力"。

无论是哪种优秀企业，它们最大的共同特征就是"专注度"——极致的专业、极致专注，其实只有极致专注，才可能把一件事儿持续地打深、打透。

对于"做10个亿的规模，能不能做成百年企业"的问题，实际上大家知道国内外这样的例子非常多，像日本"寿司之神"可能只有一两家店，但他的家族甚至可以做几百年。所以，不管我们追求的是做中国或全球的产业领袖，还是做一个隐形冠军、一个百年老店，专注度其实都是承载生命意义的最好的方式，只有意义感才能带来更大的幸福感。这种意义感和幸福感实际上可以使一家企业、一个团队穿越各种周期，可以一直往下走，可以其乐无穷。

通过不断地放大好的"可能性"，提升我们做人、做事、做企业的"意义感"，然后强化"专注度"，最终形成第四个主题词"高韧性生长"。

现在我们处于"乌卡时代"，有很多的易变性、不确定性、复杂性、模糊性等。实际上对我们最大的要求是"韧性"，对创始人、团队、组织，一般的韧性是不够的，需要高韧性。用我们的"高韧性生长"，支撑企业的可持续高质量的发展。

说给读者

回看三年疫情，本人给出了中国企业和企业家穿越大周期、积极走向未来的四个主题词。您认可这几个主题词吗？如果让您给出主题词，它们会是什么？

东华
耳语
meaning

- 通过走正道追求成功，也许是一条无比艰辛和漫长的道路，却是唯一一条能够让成功承载意义和幸福的道路。

- 社会的可持续很大程度上靠商业的可持续来支撑。我常说一个观点，人类今天之所以变得越来越危险，不是因为没能力做对的事，而是做的不该做的事情太多了。商业要可持续，必须找到让企业内部的利益追求和企业外部的社会进步相统一的逻辑，希望中国企业家率先蹚出一条路。

- 企业和企业家都在迅速分化。分化方向一：退化（甚至消亡）。分化方向二：进化（新生）。在这一轮大的分化过程中，我们把进化、升级、新生的企业家称为新物种（"创变者"）。

- 失败者最基本的特征之一，是自己不愿做或做不到的事情，总是想让比自己更弱小的一方去做；成功者最基本的特征之一，是他要求别人做的只是他不必做的，而非他没有能力做的。

- 勇于让自己不舒服，是一个人走向成功的开始；成功者勇于走出自己的舒适区，是持续成功的开始。

- 一个追求成功的人，每天都在研究如何满足别人的需求、社会的需求；一个已经成功的人，每天都在被社会满足，被别人需要。只有在取得阶段性成功之后仍然能对别人的需求、社会的需求高度敏感、葆有激情的人，才有机会获得持续的、更大的成功。

- 什么叫成功的路上并不拥挤？举个例子，早晨你只要比早高峰早半个小时出门，路上就不会太拥挤；早一个小时出门，就会一路畅通。晚上下班的情况也差不多。实际情况是什么？绝大多数人都会在最拥挤的时候出门，而且有一堆理由。因此我更愿意相信，失败是一种习惯，而成功是一种选择。

- 一个人沦为平庸，并非因为他没有让自己杰出的能力，而只是因为他没有找到让自己杰出的理由。

富有

有

高贵

富有未必高贵，甚至有些人越富有就越容易活得趋向内心高贵、人格高贵的反面。真正高贵的人，他的苦难都是自找的。因为他有足够的自信把各种苦难变成珍贵的礼物，苦难越大，礼物越重。

76 富有与高贵

什么才是真正的"高贵" [⊖]

　　俗话说"三年可以造就一个富翁，三代造就不了一个贵族"，造就一个贵族为什么那么难？到底难在哪里？详细论证至少需要写一部专著。就其本质约略言之，我对"贵族"的基本定义是"高贵的精神气质的物质与人格承载者"。仅有"物质"，黄金、钻石、豪车、大屋，有时映衬的恰恰是灵魂的丑陋与低俗；仅有"人格"，在冷酷而强大的现实面前，又难免苍白无力、顾影自怜。"物质"与"人格"都有了，它们承载的"高贵的精神气质"指的是什么？主要有四个主题词：纯粹、真诚、强大、负责。

　　在第一次听到年轻的小提琴大师吕思清的演奏之后，我发出一句由衷的感慨：纯粹地做事，把事情做纯粹是多么幸福啊！在一篇比较柳传志与张瑞敏的文章中，我又提出张瑞敏坚持的是"以纯粹应对复杂"，柳传志擅长的是"以复杂捍卫纯粹"，总之纯粹不仅是一种状态，更是一种力量，最终是一种了不起的境界。

　　⊖　此文首发于《中国企业家》2009 年 9 月第 17 期卷首语。

真诚是一切美德的起源，去伪存真是人生的长期修炼，"精诚所至"则是"金石为开"的必要前提。国学大师季羡林有一句名言叫"假话全不说，真话不全说"，如果"真话不全说"属于生活的智慧，"假话全不说"就是很高的操守了。但操守之外，善意的谎言说不说？可见真诚与否也并不全在言说，还在内心与结果。真诚已属不易，善意的、能够让"金石为开"的真诚更难，唯其如此，这种真诚才可能成为支撑高贵的精神气质的核心要素。

强大对于高贵之所以重要是因为，首先，如果你足够纯粹，足够真诚，你的内心就必然会变得强大，越来越强大；其次，正如上文所述，在常常表现得"冷酷而强大"的现实面前，如果你的内心不够强大、不够坚韧，你就随时可能被打垮和击碎，就经不起任何比你更柔弱的力量的依靠，因此也就根本没有机会去呈现或者证明你的高贵。需要提醒那些喜欢咬文嚼字的朋友们注意的是，这里的"强大"只是指内在的、精神气质的强大，而且一切外在的强大都是从这里开始的。

最重要的是最后一个词——负责，对别人负责，对环境负责，对未来负责。孙中山先生讲过一句话，大意是一个人有多大能力，就应该对世界承担多大责任。而近年来，很多有更大能力的人津津乐道于自我服务、自我满足、自我陶醉，而漠视甚至嘲笑那些勇于、乐于也善于对别人、对世界承担更大责任的人和行为。如果你的强大只是为了满足你自己的需要，甚至是为了自己的贪欲不惜伤害别人，那么你的精神气质不唯与高贵无缘，岂非已经堕落到了"自私自利"甚至"卑鄙无耻"的境地吗？

知道了什么叫真正的高贵，就知道要践行这种高贵有多么不容易了。没有谁天生高贵，也没有谁在追求高贵、自我实现的道路上没走过弯路，没犯过错误。取法乎上，得乎其中；虽不能至，心向往之。只有全民族建立起共同的是非观、荣辱观、英雄观，这个民族才可能像仰望星空一样仰望自己的信仰；只有每个人都无比珍视自己内心的高贵，并坚定、执着地去捍卫这种高贵，证明这种高贵，才可能会有一部分人率先高贵起来，成为榜样；才可能会有越来越多的人追随榜样，由内而外地高贵起来，最终支撑起整个中华民族在世界民族之林高贵而备受尊崇的地位。

从你我开始，从我们的内心开始。不管从哪里出发，只要我们是认真的，这个世界就必将一天天为我们的内心高贵提供足够的形象证据。

相对本人对"高贵"的定义，您认为什么是真正的高贵？平凡与高贵的本质关系应该是怎样的？

为企业家的
集体人格打造健康载体[⊖]

经济学家周其仁在回顾改革开放 30 年时认为，邓小平做对的事情之一就是"把企业家请回了中国"。周其仁还说，改革开放前后中国社会阶层构成中唯一的变化是前面没有企业家这样一个群体，后面出现了这样一个群体，而这个群体一经出现，就不可避免地成为历史的创造者，成为中国建设市场经济和商业文明的主角。

没有人否认，企业家是我们这个社会学习能力最强、进步最快的群体之一，是今天这个时代创造价值最大、承担责任最多的群体之一，更是中国 30 年来经济快速发展、市场持续繁荣、硬实力奇迹般跃升的核心支撑力量。奇怪的是，无论是国内还是国外，说到中国的企业和企业家往往褒贬不一，有时甚至苛责多于理解。这究竟是为什么？

外国人尤其是西方人这样看很正常。人家看中国都是带着有色加变形眼镜的，何况是看年轻幼稚、不但会抢他们的生意还可能一不小心就砸了他们饭碗的中国企业和企业家呢？

⊖　此文 2010 年 01 月 25 日首次发表于《绿公司》。

中国人看自己本土的企业和企业家心态就有些复杂了。以沉淀了几千年的重农抑商的社会传统为背景，"爱之深，责之切"就是我们所能想到的最动听的理由了。遗憾的是，这个"爱"字实在很难看得出来。就像有些西方人习惯了用丑化和低看的视角评价中国人和中国企业一样，有些中国人也习惯于用美化和高看的视角来仰视西方人和西方企业。这样仰视过去再矮看回来，就更容易给中国的企业和企业家挑出数不胜数的毛病。人们恰恰忽略了，相对于中国社会的发展阶段和中国企业的创业条件而言，中国千千万万创业型的企业家们不畏艰险，前赴后继，作为一个整体，创造出了人类历史上前无古人、后无来者的伟大奇迹，那就是一马当先为中国这样一个泱泱大国的和平崛起，为十几亿人从温饱到小康，再到在全世界的扬眉吐气提供了日益强大的物质基础与财富实力。

他们以及他们所领导的企业当然还有各种各样的问题和缺陷，中国社会的待完善之处、西方榜样的误导都会在他们身上有不同程度的反映。但是说实话，中国优秀的企业家群体，无论是在人格独立、思想拓展方面，还是在规律探寻、价值创造方面，都已经远远走在大部分人前面。他们已经做到的东西，很多人既理解不了，也想象不到，这大概就是我们的新闻报道有时与企业家的实际状况、境界相去甚远，我们的文学作品、电影、电视剧涉及这类题材时总是令人啼笑皆非，鲜少能真正接近企业家真相的原因吧。

目标大而惹眼、社会地位又不相称的一些群体容易遭遇误解或伤害，乃至遭遇故意的"误解"或"意外"伤害，企业家尤其是民营企业家们显然属于这样一类群体。怎么办？外求诸人不如内求诸己。从 SARS 到伊拉克战争，从印度洋海啸到国内的汶川大地震，企业家们除了日常努力做好自己的企业外，开始有意识地抓住机会奉献爱心、群体行动，一次次展示他们集体人格的力量。当这类偶发事件已经不足以承载他们追求更大意义的人格冲动的时候，2004 年的情人节，一群企业家"集体情感出轨"开始了阿拉善 SEE 生态协会的传奇；2006 年 12 月 8 日，"共识，共担，共享"的理念和"全球最重要非营利机构之一"的愿景几乎把改革开放近 30 年最具代表性的企业家"一网打尽"，横空出世的中国企业家俱乐部由此起航；而目前正要呱呱落地的，则是以中国企业家俱乐部成员为主的部分企业家辅助李连杰共同孕育的"壹基金公益基金会"，而李连杰也正式成为中国企业家俱乐部成员中的第一位社会企业家。

我曾经说过这样一个观点：这个世界怎样对待你未必取决于你真的是谁，而往往取决于你表现得像谁。如果你本来是个好人，却因过分自信被误解为坏人，甚至被当作坏人"乱棒打死"，你说你"死"得冤不冤？

今天，一批优秀的中国企业家能够自觉地为自己的集体人格寻找或打造健康的载体，既是为了让自己的人格能够在这里得到更好的修炼与提升，也是为了让越来越多的人更容易了解中国企业家整体上代表着一个非常健康、阳光、负责任的方向，那就是"先问是非，再论成败"的方向，"只做益虫，不做害虫"的方向。更重要的是，这是一股完全有能力在问清是非的前提下驾驭更长远、更可持续的成功的力量，是一股完全有能力只做益虫，越来越强大的益虫，并拥有更大、更美的菜地的力量。

改革开放 40 多年，中国企业家，尤其是民营企业家对中国社会经济的贡献举世瞩目。那么，如何评价这个群体的集体人格？其主流是健康的还是病态的？是阳光的还是阴暗的？是值得赞赏与尊敬的，还是应被鞭挞和鄙视的？如果您是其中的一员，您会如何定义自己的过去和规划自己的未来？

正因为中国有这样一股健康、强大的力量能够与开明的政治家日益默契地配合，与社会各阶层日益良好地互动，我才非常自信地几次对外国友人说过这样一句话：现在真正值得担心的是人类出问题，世界出问题，只要世界不出大问题，你们就不必担心中国出问题。

这次哥本哈根气候大会更加印证了我上文的那句话。既然中国是世界重要的且是越来越重要的组成部分，合适的世界舞台当然也应该成为中国企业家勇于承担责任、展现集体人格的重要载体。就这样，与中国的政治领袖相呼应，王石、李连杰们适时现身，成了哥本哈根气候大会中的另一种主角。

更新我们的财富观^一

财富观，就是更加感性、更可触摸、更带"钱味"的人生观和价值观。

是"笑贫不笑娼"，还是"笑娼不笑贫"？是"宁可坐在宝马车上哭，也不坐在自行车上笑"，还是"宁可坐在自行车上笑，也不坐在宝马车上哭"？是"君子爱财，取之有道"，还是"见利忘义，不择手段"？等等。不同的财富观，反映的是完全不同的人生态度和行为准则。

源自西方的 300 年近现代商业文明，一方面极大地释放了社会生产力，升级了人类的生活方式，另一方面也造成了越来越尖锐的两极分化和贫富对立，乃至于经济社会的不可持续和很多人眼中的"礼崩乐坏"。究其财富观的根源，其实就是一句话：企业以追求股东利益最大化为天职。

试想，企业作为市场经济最高效的资源整合者和创新探索载体，如果扮演的只是背后资本的造富机器和吞金巨兽，为了股东利益最大化不惜碾压一切其他利益相关者，这个世界还会好吗？

一　本文首发于《决策参考》2020 年 12 月刊。

　　进入 21 世纪，我提出人类新商业文明的价值主张应该是"先问是非，再论成败"，而不应再是"股东利益最大化""成者王侯败者寇"。貌似抽象的"是非"，其实通过很简单的三问就一目了然：是否伤害别人，是否伤害环境，是否伤害未来。

　　之后我又著文《什么才是真正的"高贵"》，"高贵"当然不是谁能给自己封的，而是指在邓小平让一部分人先富起来、先富带后富理念的鼓励下，越来越多的人真正开始富起来之后，更应该进一步提升自己的人生境界和责任感，更新自己的财富观，从"为什么要富起来""用什么方式富起来"到"富起来之后怎么办"，从理念到行为给大家一个积极正向的呈现和示范。

　　普通民众的财富观虽然也很重要，但它影响的主要还是他本人和与他最亲近的人。而那些在追求商业成功的过程中拥有了更多甚至巨大财富的人，他们的财富观会影响更多人，以至于起到风向标的作用。

　　因此，我们更关注的是那些"先富"乃至已经成为"巨富"的人，他们怎样想、怎样说和怎样做才更有助于给失范的社会财富观纠偏，让失衡的社会心理找回平衡，让失准的财富分配更加公平公正。

　　这么多年的追寻，到目前为止我能为企业家群体找到的最美好的财富观，就是成为社会财富的"受托人"。

　　小而言之，是成为亲友、员工、客户、股东的受托人；大而言之，是成为社会、时代、环境、子孙的受托人。总之，能力越强、财富越多、事业越大，被托付的责任就越大，被寄予的希望与期待就越高；与之相应的，从中获得的成就感、崇高感和幸福感当然也就越高，不然就没有天理了。同样是沸腾，开水有 100 摄氏度就够了，岩浆却要 1000 多摄氏度，如果有足够的生命能量，谁不愿意尽情地释放呢？

很高兴看到去年（2019 年）的 8 月 19 日，181 家美国公司 CEO 共同签署了《公司宗旨宣言书》，宣称"股东利益不再是一个公司最重要的目标，公司的首要任务是创造一个更美好的社会"。虽然来得有些晚，但毕竟是朝着更好的财富观迈出了可喜的一步。

特别可悲的是，与这份宣言书的内容相反，有人却在扛着"美国优先"的大旗全面倒退，为自身的短期利益最大化不惜背信弃用，伤害盟友，疯狂"退群"，撞破商业与政治文明的若干底线，把大国关系和人类命运带到越来越危险的境地。

这就叫"一念天堂，一念地狱"；这就是不同的财富观、价值观可能给一个人、一家企业、一个国家甚至整个地球家园带来的影响。

我们应该拥有什么样的财富观是一回事，活生生的现实可能是另外一回事。您认可本人倡导的财富观吗？您最欣赏哪些企业家所呈现出来的财富观与价值观？

德不配位，必有殃灾。不管是权位还是财位，也不管是高位还是低位，都必须以感恩与敬畏之心遵道而行，才可能不负所托、行稳致远。

面对各种各样的经验教训，作为大大小小的受托人，我们真的准备好了吗？

用良知驾驭资本^一

和平世界最强大的力量是什么呢？不是武器，不是军队，不是一切外在的东西，资本才是和平世界最强大的力量。这个力量人类如果驾驭不好的话，会变得越来越危险。

其实我在岛内说过一句话，为什么人类越强大今天的世界反而变得越危险？人类不是没有能力做对的事，而是做的不该做的事太多了，而且管不住自己，越做越多。更可怕的是越有力量的人越是做了很多不该做的事，特别有力量的人不在乎人类的整体利益和未来利益，这就是这个世界变得越来越危险的原因，这也是企业家们肩负重大责任的原因。所以我的第一个观点是和平年代人类最强大的力量是资本。但是为什么前面加了一个"良知"？因为其实比资本更强大的力量是人心。资本强大但谁来驾驭它呢？思想驾驭它？思想也是个工具。是心，让什么样的心驾驭最强大的力量？所以我们提出良知资本。

我想说的第二个观点是感谢互联网，感谢移动互联网。马克思说全世界无产者联合起来，有了互联网，有了移动互联网，有了网络社交，有了微博、微信，全世界的消费者联起来了。佛家说的"善有善报，恶

○ 此文源于 2015 年岛邻大会良知资本与财富传承论坛演讲。

说给读者

本人表达过这样一种观点：全世界都嘲笑中国人没有信仰，其实中国人几千年来从来没有变过的信仰就是两个字——"天良"，你可以说是天理良知，也可以更朴素地说就是天生的良心。人类的理性能力，一个重要表现就是天良能在多大程度上驾驭自己的欲望，包括对权力、美色、资本等的欲望。您认同这个观点吗？具体到自身，您能在多大程度上让良心掌控自己的欲望？

有恶报"，那个报原来总说恶报、善报都到不了，好人等不及就死了，坏人也没受到惩罚，活得还挺好，现在移动互联网把善报和恶报周期大大缩短。说"不是不报，时候不到"，现在是时候马上就到，很快就到，这就是我们生存的环境。做人做事、做企业的生存环境发生了根本改变，环境逼着我们让心的力量走上正道，甚至回归正道，所以我说互联网给人类带来了福音，这是第二个观点。

刚才说最强大的力量是资本，资本背后其实是人心，然后环境在逼着我们向良知回归。第三个观点是说我们要走正路，负责任，有建设性，只有这样，我们才可以追求真正的成功，而且可以持续成功，我们的成功才可以承载幸福和意义。

所以回归那颗良知之心、正念之心，然后让良知的力量得到无限的放大。我们提倡企业家承担社会责任，做一个好的企业公民，我们说的不仅仅是从外部要求企业家，还要从人心。每个人都有良心，不管外面怎么变化，至少要自己掂量自己说："我对得起自己那颗良心吗？"实际上整个社会在帮着我们回归那颗真正的良心，让对的、强大的心的力量能够得到无限的放大，然后用这个力量来驾驭资本。最后一句话，我说的资本代表最高的工具理性，良知代表最高的价值理性，工具理性和价值理性得到很好的融合，这个世界就可以追求持续的成功，随着良知资本的成功，这个世界才可能变得更加健康，更加安全，更加美好。

我们为什么提倡"良知资本"[⊖]

为什么要提出"良知资本"？对我来讲，这是一个自然而然的认知结果。我边做边悟，逐渐明白、清晰。多年前，我曾写过一篇小文章《每个人都能让世界更美好》，文中我提出"人类是一个大公益体"。我不是音乐家，为什么能欣赏到那么多美妙的音乐？我不是作家、思想家，为什么能阅读到那么多伟大的作品？我不会种地，不懂养殖，为什么能吃到那么多鲜美可口的食物？我们每个人创造的价值微乎其微，但我们在享受一切物质和精神文明的成果。既然人类的大公益体给我们那么多馈赠，我们就应该用感恩之心努力回报。而我们越努力，越成长，越创造，越贡献，这个世界给我们的回报就越丰厚。这就是一个正循环，人类完全可以通过正循环越走越好。

对企业家而言，不仅要把企业做大做强，而且要找到一条正路，负责任，讲诚信，先问是非，再论成败，用这样的方式寻求一条内有尊严、外有尊敬的成功之路。也就是说，让良知成为资本的灵魂，让资本成为良知的载体，通过"良知资本"把价值理性和工具理性很好地统一

⊖　此文首次发表于《决策参考》2014 年 11 月总第 30 期。

起来。企业家仅仅成功是不够的，还要考虑为什么追求成功，如何获得成功，成功之后干什么，给这个世界贡献什么、留下什么。

2008 年美国发生金融危机，我写过一篇文章，主题是"金融危机的背后是价值观的危机"。本来你就已经是最富、最强大的了，却仍然以你的利益最大化为追求，那么谁还愿意跟你"玩儿"？价值理性自毁根基后，被贪婪武装起来的华尔街工具理性依然按照固有逻辑发足狂奔，发生金融海啸、重创实体经济就是难免的了。虽然美国救市有力，全球施以援手，或可减缓其巨大的杀伤力，但若要治本，意欲挽狂澜于既倒，则必须从重新检视其自以为是的价值观开始。金融危机带给商界乃至人类的反思还不够。商业世界病了，需要矫正方向，找到新动力，新动力一定源于新的价值观。"良知资本"就是对新价值观的一种探索。

马克斯·韦伯提出了新教伦理与资本主义之间的关系。新教在推动资本主义快速发展后，西方越来越多的人相信尼采所说的上帝已死。金融危机之后，西方的价值理念更加难以支撑他们的精神世界，所以越来越多的目光开始转向东方。中国清末的问题，是一度高扬的价值理性得不到工具理性的支撑，二者不匹配。高扬的价值理性成为假大空，因为精神和肉体分离了，肉身支撑不了，精神就变成假大空。落后就要挨打，被打醒了之后，我们开始学习西方的工具理性。中国做现代意义上的企业基本上是借鉴西方的成功经验。这 100 多年来，是逐渐地借助人家有效的东西，让自己变得强大、自信。现在需要回过头来研究，把老祖宗的好东西，把我们基因里面本来就有的好东西激活，做到"灵肉合一"。

早在金融危机发生之前，我就有意识地同全球各界精英接触，探讨人类整体利益和未来利益所面临的重大威胁。一方面，很多人根本不相信人类会有什么致命危险；另一方面，那些认可世界现有运行模式难以持续的人接下来的反应更加令人绝望：这与我们有什么关系？既然大家都不想改变也无力改变，那就假装问题不存在好了。反正一旦"人类号航班"真的从天上掉下来，所有重要的人跟我们都在同一架飞机上。那么，人类到底还有没有机会从既有逻辑的巨大惯性中拔出脚来，规避自我毁灭的可能性，去缔造一个人人梦想中的美好未来？答案是肯定的。要缔造这样一个未来，当务之急是认真寻求基于人类整体利益和未来利益的共同价值观，并基于这个价值观形成"地球村村民公约"。

由此可见，资本是工具理性，良知是价值理性，"良知资本"把价值理性和工具理性统一起来，为商业社会、企业家提供追求的方向。为什么要提倡"良知资本"？"良知资本"不是做给别人看的，不是迫不得已而做的，而是企业家的内在修为需要，企业可持续发展的内在需要，是一个正向的价值追求和正循环。"良知资本"是价值理性和工具理性的闭环系统。

人类既有正循环的能力，也有负循环的能力。每个个体、企业都可以在给别人带来价值的同时实现自我的更大价值，这就是正循环。践行"良知资本"，不只是责任，也是自己的最大利益、长远利益所在。如何实现呢？"良知资本"作为价值理性和工具理性的闭环系统，可以说是市场经济时代的"内圣外王"，内圣就是良知，外王就是资本。

从全球商业及价值体系的发展趋势来看，现实与"良知资本"的距

离越来越近。尤其随着移动互联网的蓬勃
发展，信息越来越对称，越来越透明。互
联网把全世界的消费者联合起来了，资本
做坏事，以前大家不知道，现在大家随时
随地都可以知道，一旦一个人知道，做坏
事者就会立即成为全世界消费者的敌人，
而且原来积累的价值越大，可能崩溃得就
越惨。因此，互联网在很大程度上推动、
规范着企业遵循良知。"良知资本"正在从
道德的、责任的要求变为大家的内在需求。

您相信资本与权力一
旦脱离良知的缰绳，人类
就离毁灭不远了吗？您相
信人类还有足够的理性能
力对自己的整体利益和未
来利益负责吗？您有什么
好的建议？

做健康的成功者[⊖]

彭作义去了。"青啤帝国"刚刚呈现出一个雏形，正待快马加鞭时，"彭大将军"却突然撒手西归了。

一点点预兆都没有。消息传来时，彭作义与我们的记者豪情满怀、纵论天下的文章在 2001 年第 8 期的《中国企业家》刚刚出炉，看着他跃然纸上的音容笑貌，想着他已永远地离开了这个世界，离开了他所热爱的青啤事业，真令人感到既意外又痛惜。

早在 1997 年，在我们说给企业家且引起了企业家群体广泛反响的几句话中，其中一句就是"《中国企业家》提醒企业家——健康与事业同等重要"。为什么这样提醒呢？因为我们太了解这个几乎全是"拼命三郎"的特殊群体了，太了解别人眼里所谓的成功使他们付出的各种代价有多么惨重了！

也许这就是这一代本土派创业型企业家的宿命。他们往往以天下为己任，有太强的责任感和使命感；他们看到了改革开放带来的太多的黄金机遇，而经常忽略脚下的诸多陷阱和雷区；他们周旋于各种相互矛盾、

⊖ 此文首次发表于《中国企业家》2001 年 9 月第 9 期。

变动不居的新旧规则之间，每种规则都可能给他们带来灭顶之灾；他们十分自信，越是大的困难越能激发他们的顽强斗志，越是高的目标越能唤起他们的勃勃雄心。然而，事业无涯人生有涯，挑战无限体能有限，征战途中，许多人蓦然发现，自己的目标尚远而岁月已残，雄心犹在但健康不保。更为可怕的是，这时候想刹车已然来不及，他们被事业、责任、荣誉、诺言等形成的巨大惯性裹挟前行，身不由己，欲罢不能，直到悲剧发生……

人人都想做大事，取得大的成功，那么，成功的标准是什么？意义又是什么？如果你天生有做大事的潜质，客观上你就是这个社会的宝贵财富，怎样经营自己、管理自己才算得上真正对自己负责，对社会负责？首先要健康，在健康的前提下追求成功，承担责任。记得海归派企业家、搜狐的张朝阳说过，他人生的最大追求是年轻、快乐。1999 年我到美国雅虎采访杨致远时，他也说自己把友谊和幸福的生活看得比挣钱更重要。这是否说明张朝阳、杨致远们事业心不强、目标不够远大呢？非也，这正说明他们的心态是积极的、健康的，能以平常心为做事的起点和归宿。当然，文化和文化不一样，人和人也不一样。比如到北欧考察，看着当地人富足、闲适、优雅的生活，我就曾禁不住大发感慨：在这种不再需要拼搏、不再需要奋斗，轻轻松松就能满足各种欲求的社会，生活还有什么意思？后来我一再对当时自己的这种感慨进行反省，感觉自己可能就是那种只有在拼搏、奋斗中才能找到生命意义的人，但问题在于，拼搏、奋斗的目的又是什么？

回到彭作义身上，以他为代表的一大批中国优秀企业家，他们的价值观可能决定了他们会不惜牺牲自己的健康与幸福来换取社会的进步，换取越是真正了解创业者、企业家真实的工作压力与生活状态，就越知道企业家这个角色真不是一般人干的，企业家必须是"特殊材料"制成的，很难维持事业与家庭、事业与健康等重要关系的基本平衡。您是企业家吗？您在保持身体的健康与事业的成功二者的平衡方面有何重要的经验与心得？

更多人的健康与幸福，但在这里我们恰恰要奉劝彭总的同道们：请千万珍重，学会做健康的成功者。做健康的成功者，才可能长远地获取更大的成功；长远地获取更大的成功，才能给更多的人带来幸福与快乐。

这里，我想借用一下比尔·盖茨的一句话。他说，人们总是过高地估计未来两年的机会，而过低地估计未来五年的机会。其实，向远处看，许多大的机会正一步步向我们走来，而自己在去迎接这些大的机会的过程中，也在不知不觉地向着能够把握大的机会的方向成长。既然越往前走大的机会越多，自己把握机会的能力越强，我们又何必以牺牲健康为代价，把"宝"全押在今天呢？

机会主义者的机会结束了○

对企业家而言，今年确实比较困难，外部正在面临越来越多的挑战。一方面，疫情对企业的外部市场带来了持续的冲击，这种影响短期内不会消除；另一方面，保护主义横行，中国企业面临着不断恶化的全球商业生态。

在此背景下，企业不得不"反求诸己"，一方面更多地考虑以国内市场的确定性来应对外部的不确定性；另一方面，在这个时间节点，对于怎么看过去的成功，怎么看现在的困难，企业也需要重新定位，甚至重新思考企业的意义。

应当说，过去 40 多年间，不少中国企业是由机会驱动的，企业和团队在很大程度上只是企业家获取成功与财富的工具，企业家很少把企业作为一个相对独立的生命体看待。然而，这个时代已经结束了，企业因机会而活也会因机会而死，中国企业需要意义升级、企业家精神升级。

这意味着，企业除了为企业家创造财富之外，还需要承载创业者和团队的理想和追求、社会的就业和税收，以及客户的福祉等更多责任和

意义。企业家也必须从原来外部的机会驱动、资源驱动转向内部的创新驱动和专业主义、工匠精神驱动。在此过程中，企业必须从原来的"机会主义"转向顾客主义、长期主义。

外部环境的变化不会以我们的主观意志为转移，任何恶劣的环境变化都有可能发生。我和企业家交流时经常说的一句话是：冬天来了你就会死只能说明你是一只蚂蚱，哪怕你是一只麻雀都死不了，你为什么让自己做一只蚂蚱？企业家需要有恒心，如果仅把企业当作一个发财致富的工具，环境一变，自然是赶紧关门才最安全。

在这方面，日本的企业值得我们学习。日本有近3万家百年企业，这在很大程度上是因为这些企业承载着其创始人和继承者的更高层面的生命意义。每家日本百年企业都穿越过两次世界大战的战火，穿越过无数的经济周期甚至朝代更替。

中国泱泱5000年历史，真正的百年企业掰着手指头都能数得过来，这值得我们的企业家认真反思。

说给读者

机会主义往往是会伤害和瓦解长期主义的，长期主义却可包含对机会的善用；机会主义往往是被短期利益驱动的，长期主义则必须为使命和意义而战。您认为中国的土壤和环境更适合机会主义者还是长期主义者？您更愿意做出怎么样的选择？

什么是商业的专业主义[⊖]

现在很多企业都觉得自己活得不容易。从企业自身角度来看，大家面临的情况不一样。很多企业的商业模式确实不行了，有些企业从老板的天花板到企业的商业模式看，就该淘汰，冬天来了，如果是蚂蚱、知了，活不过去是很正常的，不转换内在基因就没戏。

不管是在商业还是其他领域，首先要看灵魂人物的价值取向，他为什么做，做任何事情要先解决 WHY 的问题，如果一个企业家的 WHY 出了问题，就不要指望会有好结果，过去还有可能，但也一定是机会导向的、暂时的结果。

生命的本质就是爱，你能够在多大程度上爱这个世界？小爱是爱家人，爱朋友，大爱是爱更多的人，从企业的角度就是真心爱你的团队，爱你的合作伙伴，爱你的客户，爱你的股东。首先要看一个人、一个企业家爱的能力，看他能把多少人真正装到心里，在这个前提之下再说商业的专业主义。

什么是商业的专业主义？我认为就是用一个独一无二的、最有价值

⊖ 此文 2019 年 2 月 26 日首次发表于"中国企业家俱乐部"微信公众号。

的载体来承载和放大心中的这种爱。如果你找不到一个独一无二的业务逻辑、产品形态、商业模式，就做不成一个具备核心能力的企业。

既然是做企业，你就必须找到一个呈现这份爱的有效载体，没有这样一个载体，在商业的专业主义上深入不下去，你的爱就是空的，就会掉在地上成为别人的笑话。比如正和岛，它要找到的是这个世界上从来没有过的一种业务逻辑、产品形态和商业模式，背后代表着商界决策群体远未满足的巨大需求，这就是从 0 到 1 的追求，通过一个独一无二的方式爱并成就企业家。从 1 到 N 则是这个事人家已经做过了，你再在这个基础上发展、延伸，可能也有创新，也有改善，但毕竟前面已经有一个基本的东西。

再比如原来我们做杂志，包括成立中国企业家俱乐部，我也不知道别人是怎么做俱乐部的，我就是觉得这个群体有这个需求，这个需求只有用这种方式才能够更好地被满足。所以对你来讲，一切都是创新、创造，而且你要找到与众不同的、独特的且能给你的目标客户群带来不可替代的价值的方式。这是从业务逻辑和商业模式的角度，接下来才是治理结构，然后是发现人，培养人，因为再好的商业模式没有合适的团队也没戏。

我说首先要解决 WHY 的问题，就是你为什么做。原来我提倡八个字"先问是非，再论成败"，什么是"是非"？说得简单一点，就是你真的要呈现你对这个世界的爱，但是不同的人、不同的职业呈现爱的方式不一样。从商业的角度来说，就是你用一个独特的核心能力、独特的业务逻辑和商业模式乃至于产品形态，把你对这个世界的爱、对消费者的爱呈现出来。等你找到了这个东西，你再考虑什么样的企业文化、什么样的治理结构能够把最合适的人找到，吸引过来，培养他们，让他们成长，让他们承担起这份责任。然后在这个前提下，不断通过各种创新，包括技术创新、产品创新、经营创新等，保证你的企业持续发展下去，实际上这就是所谓的商业专业主义、工匠精神、创新驱动。

就像我曾经说的，所谓企业家的领导力，就是善于在为什么中找到怎么干的强大动力，永远不能离开一个了不起的"为什么"，有多么强大的"为什么"就能找到多么强大的动力。而且一定是一个正向的、向善向上的"为什么"。简单说其实就是爱。我觉得这个世界最大的本质、最大的动力就是爱。

但是既然是商业，就一定要找到一个承载和传播放大这个爱的独特的商业模式和核心能力。我觉得对企业家来讲，当然得在这个基础之上进行团队的打造、各种各样的创新，才能不被这个时代抛弃。因为现在这个社会，包括消费的不断升级，各方面的不确定性太大了，你不能试图用一成不变的东西长久地满足消费者的需求。

无论是做人还是做企业，都要问清楚一个 WHY。有了这个 WHY，还得找到承载这个 WHY 的最好的商业模式、产品形态、业务逻辑。任何事都需要一个 WHY，不管你做什么。但是这个 WHY 放在商业上就要找到那个载体。

创业者最大的天分就是找到一个自己真心热爱并擅长，同时又是社会或者说市场无比需要的对接点。内心深处的呼唤与社会需求的对接点，我觉得这是企业家专业主义的价值起点。先找到这个，然后把它变成业这篇文字的核心思想是谈商业的 WHY 与 HOW。WHY 是企业存在的意义，本人认为就是爱；HOW 是这个意义的载体、这个爱的实现方式，本人认为就是"商业的专业主义"。您同意本人的观点吗？您认为商业存在的本质意义和实现手段应该是什么？

务逻辑、产品形态、商业模式，最后是汇聚一批人，你是因为相信而看见，要让更多的人因为你看见了也看见，因为你相信了也相信，用治理结构和企业文化凝聚一批对的人。

商业本身最重要的是两件事，一个是有好的业务逻辑和商业模式，另一个是用好的治理结构、企业文化来凝聚对的人。有了这两者，后面的都会有。当然，前提其实还是一个决定性的"为什么"，它始终是决定性的。你内心非常强大的那个 WHY，它能够激发和调动太多的能量和资源。一家企业的掌门人如果没有这个东西，在未来的竞争当中就没有机会。所以说到底，商业的专业主义是建立在企业家的智慧级别、能量级别、境界级别之上的东西，不可偏废。

把企业当企业办^一

　　本刊"研究失败"系列的又一案例，即这一期的封面故事《周作亮："幸福"的陷阱》，能给人多方面的启发。但跳出"幸福"看"幸福"，我们会发现周作亮的幸福集团其实和许多"失事"的企业和企业家一样从根本上说犯的都是最原始、最低级的一类错误：没有把企业当企业办。诚然，幸福集团的主要缔造者周作亮开始时是把企业当企业来办的，7台缝纫机打天下充分展现了一个创业者在中国市场经济发展初期搏击风浪的才能。也正因为创业的成功和对社会的贡献，他获得了各种各样的荣誉；而这些荣誉与光环又驱赶着他去追逐更高的荣誉、更大的光环，去完成更崇高、更神圣的使命。但也许就是这种可贵的使命感、责任感，逐渐使他发生了角色错位，使一个脚踏实地的经营者变成了一个好大喜功的"政治家"。

　　人没有使命感不行，使命感太强了恐怕也不行。什么叫"太强"呢？强到了不切实际、忘了自己是谁的程度，那就过了，实践中就要面对"过犹不及"的后果。之所以会"过犹不及"甚至"过不如不及"，是因为对于那些没有资源能力的人，一"过"就会流于空谈、空想，就会

一　此文 1999 年 11 月首次发表于《中国企业家》。

这个标题看上去就像一句废话，但"废话"如果能有很强的针对性，更说明问题的严重性。这篇多年前的文章对于今天的现实意义已经不再是企业家是否"把企业当企业办"，更应是全社会是否"把企业当企业看"。如果逆市场化、泛政治化成为潮流，人们就越来越不会"把企业当企业看"，企业家也更难"把企业当企业办"，结果可想而知。您怎么看企业家和办企业的专业性？要长出更多全球一流企业需要怎样的社会心理和舆论环境？

"只闻楼梯响，不见人下来"，大事做不成，小事也不去做；对于那些有资源有能力的人，一"过"就会指望一口吃成个胖子，一日建成个罗马，就会以愿望代替现实，以诗人气质和浪漫情怀去处理那些十分具体、十分实在的事情，结果必然是劳民伤财、事与愿违。因此，一个企业家固然需要有创辉煌业绩、振中华雄风的神圣使命感，但更需要有尊重规律、稳扎稳打的务实作风，需要时刻保持清醒的头脑。尤其目前我们国家处于改革进程中的特殊历史发展时期，企业家特别容易迷失自己，特别容易不把自己当作一个职业企业家来要求，不老老实实把企业当作企业来做。老老实实做企业尚且有可能做不好，更何况采用根本不尊重企业内在规律的那些做法呢？

当然，一味埋怨那些忍辱负重的企业家也是不公道的。因为在中国，把企业当企业看，把企业家当企业家看，这说起来似乎简单得可笑的问题，我们的社会似乎还未真正解决好。

企业家是一种生活方式^一

真正的企业家，都是通过商业的价值创造追求生命意义最大化的人。

追求生命意义最大化，这里的生命意义可以是人类的，可以是自己的，也可以是二者兼顾的。

通过价值创造追求人类的生命意义最大化，由于使命过于重大，追求者往往会牺牲自己的全部生活，其主要补偿是价值创造中的成就感和良性环境回报给他的鲜花和掌声。

通过价值创造追求自己的生命意义最大化，则可能由财富自由到达生命自由，给大家树立一个"种豆得豆"的榜样，让生活本身成为生命的"奢侈品"。

这篇短文对企业家进行了一个哲学化的定义和诗意的表达。您认可本人的观点吗？根据您的观察与理解，企业家到底是一种什么"动物"？

一　此文首次发表于《中国企业家》2007 年第 17 期。

通过价值创造追求人类和自己的双重的生命意义最大化，是今天很多优秀的企业家的共同选择，因为他们既不愿意让自己的生活完全为梦想"殉道"，也不希望活得过分自我，他们最想要的是通过为世界创造价值从而带给自己价值，通过为别人创造快乐从而带给自己更大的快乐。

企业家毕竟是企业家，何况是一个堪称伟大的企业家。

时代召唤与企业家精神[○]

王阳明心学的精华体现在"天理即良知"。中国老百姓中间有一个词叫"天良"，天理良知。是非善恶的标准就在我心中，天道即我心。这个天良、这个良心人人自有。大家想一想，两个人吵架的时候急了眼会说"问问你自己的良心"，并没说"问问我的良心"，意思就是每个人的良心都是一颗心。如果你对不起自己的良心，你就是对不起我的这颗良心，对不起天下的良心。

阳明先生说，"仆诚赖天之灵，偶有见于良知之学，以为必由此，而后天下可得而治"。他的意思是，他受上天的眷顾偶然悟到了天理即良知的学问，以为只有通过这一种方式，天下才可得而治。

500多年过去了，我前段时间脑子里还突然跳出梁启超先生的一句话，"中华两千多年圣人只有两个半"，曾国藩算半个圣人，完整的圣人除了孔子，另一个就是王阳明。

孔子2000多年前创立儒家学派，他有几个内圣外王的好学生？那我们再问一句，在阳明先生500多年前惊天之悟后，这500多年阳明

───────
○ 此文源于2016年首届企业家致良知论坛演讲。

先生又有几个好学生？这 500 多年人类发生了什么？我们实在对不起阳明先生。

大家想想，人类作为万物之灵长，和天下万物是什么关系？今天每天地球生物灭绝 70 多种，部分科学家估计，到 2100 年，有一半现存的动植物物种可能会灭绝。由于人为原因造成的生态恶化，导致生物灭绝的速度比自然速度提高了若干倍，人类已成为地球生命"最大的害虫"。

再看看人类相互之间是什么关系，尤其是商业文明之下的关系。西方开创近代商业文明这几百年，都是以股东利益最大化，以局部利益、小我利益、眼前利益最大化，去忽略、践踏、伤害其他利益相关者的利益，所以商业世界的原有逻辑已难以持续。

再看看我们自己，看看我们的肉身和我们心灵的关系。有一位非常成功而有德行的企业家跟我说，他虽然越来越成功，但却发现自己越来越不喜欢自己，甚至越来越憎恶自己变成的样子。

如果扪心自问，我们会发现，我们很多人都变成了自己憎恶的样子，因为我们可能是精致的利己主义者，我们的聪明、勤奋都是为小我之私。这就是为什么我刚才说得那么动情。阳明先生悟道 500 多年后，一批企业家开始率先学习起致良知，我觉得企业家本来就应该成为致良知的典范。

尤其是近几百年，一方面，商业文明极大地释放了人类的生产力，让越来越多的人过上了好日子、好生活，物质文明越来越丰盛；另一方面，商业驱动人类朝着悬崖狂奔，其驱动力其实就是欲望和贪婪的无限放大。

商业的主人公是企业家，那么既然人类的传统模式、人类商业的传统模式都已经不可持续，我们该怎么办？说句难听的话，大家也不见得有那么高的觉悟，是因为人类不可持续了、商业不可持续了，我们才必须要奋起改变。

我曾对一个企业家朋友说，过去利用信息不对称干点儿坏事，可能还不至于导致灭顶之灾，现在你不能这么干了。除了良心的谴责、人类商业不可持续之外，拜互联网、移动互联网、网络社交所赐，你今天干一件坏事儿，伤害了谁，只要有一个人发现，天下的消费者就都会变成你的敌人。"善有善报，恶有恶报"，过去总说报得太晚，说要"后世报""三世报"，现在不但是"现世报"，而且是"即时报"，马上就报。

所以在这种情况下，不管是内因还是外因，我们的企业家都应该走上学习并践行致良知的道路，我们的企业家都应该成为榜样。世人讨厌"为富不仁"，大家想想，什么样的富人最让人讨厌？什么样的大官最令人厌恶？如果你德不配位，必有灾殃；如果你德不载财，必有倾覆。

所以，我特别想告诉各位朋友，我们都是受托人。官员是受托人，大德必授命，你既有德行又有才干，天下的公共资源、公共权力就托付给你管理。

真正了不起的企业家，创造并拥有巨额财富的企业家，也是受托人。你是受天下之托、众人之托来管理这些财富的，而不是说得到这么多钱，想怎么用就怎么用。

这些钱不是你的，你有一份受托的责任。如果你知道你是受托人的著名经济学家周其仁说，邓小平做对的事情之一就是"把企业家请回了中国"。而企业家之于中国社会，评价高的时候被视为时代英雄，甚至会自诩"齐天大圣"；评价低的时候被斥为无良商人，自认连"弼马温都算不上"，担惊受怕，缺乏起码的安全感。事实上担负着就业、纳税、科技创新等越来越多社会责任的民营企业和企业家，新常态下作为"自己人"应受到怎样的理解和尊重？中华大地上的企业家精神在什么样的条件和氛围下会喷涌而出？您认为企业家的心态和状态与您的工作和生活有切实的关系吗？

话，就会心生敬畏，会更理解党的政策，共产党现在最了不起、最得民心的是拍蝇打虎，铁拳反腐，因为很多官员没有用好这个受托的责任，那作为企业家的我们用好了吗？

阳明先生说"破山中之贼易，破心中之贼难"，一念生是恶，你就是禽兽，所有的恶行都是从心中这一念而起的。所以讨心中之贼，讨贼反腐，今天在座的企业家们，我希望我们作为社会财富的受托人，能率先对自己讨贼反腐。

但是讨贼反腐是底线，致良知是一种伟大的力量，这个伟大的力量如何在我们身上表现出来？

最近几年我一直在说一个观点，我说今天是一个艰难的黄金时代，中国正在迎来一个更了不起、更伟大的、更全面的黄金时代，但是任重而道远。

就像阳明先生所说，如果你要拥抱这个黄金时代，你必须让自己如"金之在冶"，像金子在熔炉里面一样，要炼、好好炼。习近平总书记说："历史总是要前进的，历史从不等待一切犹豫者、观望者、懈怠者、软弱者。只有与历史同步伐、与时代共命运的人，才能赢得光明的未来。"

大家好好体会一下这些话。这么好的机会，让我们把自己变成"纯金"的机会，我们为什么不好好冶炼自己？我们为什么等待和观望？我们要率先行动起来，我们要把阳明先生的良知变成企业家精神的灵魂，要让良知成为新商业文明的伟大动力。

中国在 21 世纪要向世界输出什么？要输出以良知为灵魂的中国企业家精神，通过中国越来越多的良知企业、良知企业家，赢得全世界对中国、对中国企业、对中国企业家的越来越大的信任和尊敬。

企业家是社会物质财富的受托人^一

从《经济日报》评论部到 1992 年创办"民营经济专版"，再到 1996 年接手《中国企业家》，是我为民营企业服务的第一个阶段。为了推动中国企业持续健康发展，一个特别重要的事情就是推动整个社会对企业家群体的价值共识。企业家是一个新物种，过去的中国社会没有企业家，跟赚钱相关的，大家最熟悉的传统说法是"为富不仁""无商不奸"，马克思主义经典理论也认为资本的每一个毛孔都滴着肮脏的血。

那么，企业家到底是什么物种呢？20 多年前我在《中国企业家》推出了一系列说法，"国力的较量在于企业，企业的较量在于企业家，只有造就强大的企业，才能造就强大的中国""真正的企业家都是带着一群孩子赶路的妈妈，越大的企业家带的孩子就越多""真正的企业家都是无数次从死人堆里爬出来的将军、元帅"，等等。我们用这样一系列的理念推动媒体、社会理解中国企业家，理解他们到底是干吗的，也就是对企业家、对民营企业的价值共识，这是我们第一个阶段做的事情。

　　逐渐地，这个群体非常争气。整个社会达成的一个共识是什么呢？企业家是改革开放新时代的时代英雄，创业者是爱国者。十多年前，我带动一批最成功、最健康、最有影响力的企业家以及最一流的经济学家、外交家成立中国企业家俱乐部，我们要打造的是中国企业家健康的集体人格。中国企业家应该是一个走正道、讲诚信、负责任的群体，应该通过内有尊严、外有尊敬的方式追求成功，应该"先问是非，再论成败""只做益虫，不做害虫"。我们希望推动整个社会形成对企业家精神的共识，中国民营企业长身材，长实力，长体魄，呈现价值，到一定程度大家会问：他们为什么追求成功？他们以什么方式追求成功？成功拥有财富、社会地位和影响力之后，他们会干什么？他们应该做什么样的表率、示范和榜样？

　　大家想一想，中国传统社会有契约意识吗？有诚信的机制吗？有创新驱动的逻辑吗？企业家群体、企业家精神其实主要代表这些东西，这个群体应该成为契约意识、诚信意识、创新意识，包括拥抱变化、敢冒风险、承担责任的代表性集体。去年以来，我突然发现500多年前，被称为中华民族"两个半圣人"之一的王阳明先生早就发现是非善恶的标准在每个人心中，每个人的良知、每个人的良心天然就在这儿，人人心中有一个圣人。我认为致良知的商界第一号案例来自稻盛和夫，两个世界500强企业在他手里打造，在78岁高龄的时候，他接手倒闭的日航，14个月就扭亏为盈，实现1800多亿日元的利润，以他的稻盛哲学为致良知创造了第一号商界案例。阳明先生离开我们500多年后，致良知再次成为人们关注和学习的热点。我说21世纪人类最大的病是心病，而阳明先生500多年前就开出了一个根治人类心病的心学药方。去年 10 月份，也正是受阳明先生思想的启发，我提出企业家不但是社会物质财富主要的创造者，更重要的，是这个财富的受托人。

人类今天最大的、好像越来越不可调和的冲突是什么？是穷人和富人的冲突。全世界最富有的 1% 的人口掌控的财富是其余 99% 人口的 2 倍。但是真正的企业家是干什么的？中国古人说"天行健，君子以自强不息"，好像就是在说企业家，只有自强不息才能创造财富，承担责任。另外，"君子以厚德载物"，只有厚德才能载物，德不厚载不动，硬载得多了一定会翻船。我说企业家是社会物质财富的受托人，整个社会、老百姓把财富的责任托付给你，因为你有能力为天下、为众人承担好这个财富责任，中国企业家应该率先承担好这个"受托人"的责任，由此开始向全世界输出以致良知为灵魂和核心的企业家精神。

很多朋友都会对企业家精神有很多的研究和理解，但是到目前为止没有一个统一的答案，而且答案以西方思路为主，聚

说给读者

以我本人 30 年来服务企业家这个群体的体会，优秀的企业家从来不怕高的要求，只怕违背常识的荒唐的要求。"成为社会物质财富的受托人"，这个要求虽然很高，但确实是企业家当仁不让、舍我其谁的一种要求，也是从根源上回答商业的意义、解决两极分化和共同富裕的方法之一。如果您是一位企业家，您认可"受托人"这个定位吗？如果您不是企业家，您希望企业家这样定义自己吗？

焦工具理性，主要关注怎么创新，使资源整合最大化，却没有鲜明的价值理性。但是，在我看来，企业家精神首先聚焦价值理性，价值理性是灵魂，工具理性是载体。而致良知，在商业上也就是企业家作为社会物质财富的受托人，应该成为企业家精神的灵魂与核心，中国企业家精神、中国企业家群体应该成为这种精神的领先的实践者和榜样，并把这种示范和榜样的力量推向全世界。

- 慈善和公益，当然可以成为企业尤其是成熟企业应当承担的社会责任的一部分。但是，第一，不要超过自己的能力范围；第二，不要为了做给别人看而做。

- 有一句话叫"三年可以造就一个富翁，但是三代造就不了一个贵族"。真正的高贵我用了四个词——纯粹、真诚、强大、负责，用自己的纯粹和真诚创造价值，然后用自己的强大负起责任，这才叫真正的高贵。

- 贵族就是那种不但能在关键时刻挺身而出，而且是不计算利弊得失就能挺身而出的人。

- 强大对于高贵之所以重要是因为，首先，如果你足够纯粹，足够"真诚"，你的内心就必然会变得强大，越来越强大；其次，在常常表现得"冷酷而强大"的现实面前，如果你的内心不够强大、不够坚韧，你就随时可能被打垮和击碎，就经不起任何比你更柔弱的力量的依靠，因此也就根本没有机会去呈现或者证明你的高贵。需要提醒那些喜欢咬文嚼字的朋友们注意的是，这里的"强大"只是指内在的、精神气质的强大，而且一切外在的强大都是从这里开始的。

- 最苛刻者如果只知道苛刻，则近乎魔鬼；最苛刻者如果也最宽容，则近乎圣人。

- 我对"贵族"的基本定义是"高贵的精神气质的物质与人格承载者"。仅有"物质"，黄金、钻石、豪车、大屋，有时映衬的恰恰是灵魂的丑陋与低俗；仅有"人格"，在冷酷而强大的现实面前，又难免苍白无力、顾影自怜。"物质"与"人格"都有了，它们承载的"高贵的精神气质"指的是什么？主要有四个主题词：纯粹、真诚、强大、负责。

- 真诚是一切美德的起源，去伪存真是人生的长期修炼，"精诚所至"则是"金石为开"的必要前提。国学大师季羡林有一句名言叫"假话全不说，真话不全说"，如果"真话不全说"属于生活的智慧，"假话全不说"就是很高的操守了。但操守之外，善意的谎言说不说？可见真诚与否也并不全在言说，还在内心与结果。真诚已属不易，善意的、能够让"金石为开"的真诚更难，唯其如此，这种真诚才可能成为支撑高贵的精神气质的核心要素。

- 如果你的强大只是为了满足你自己的需要，甚至是为了自己的贪欲不惜伤害别人，那么你的精神气质不唯与高贵无缘，岂非已经堕落到了"自私自利"甚至"卑鄙无耻"的境地吗？

- 真正高贵的人，他的苦难都是自找的。因为他对自己的生命、对自己的人生有很高的追求，也因此在他面前一定会有很多的考验，乃至于在常人看来是很多的苦难。

梦想

现实

做理想主义者，意味着一个人在为理想而献身的过程中，可能遭人误解、受人耻笑，可能付出很大、所得甚微，可能被人冷落、四处碰壁，总之是风险很大、代价很高又很难问收获的一种生存方式。没有勇气，没有一般人所不具备的勇气行吗？

07 梦想与现实

不必急着出门[⊖]

年终岁尾，大都市里的聚会特别多，我所参加的，大多属于两个圈子——媒体圈和企业圈，有实质内容的不能说没有，但也的确有不少为了聚会而举办的聚会，虽然没有明确的主题，但大家觉得一群做类似工作的新朋故友能聚在一起聊一聊，交流一下，碰撞一下，也许会有些意外的收获。因此哪怕是"无主题变奏"，参与者依然踊跃。我大概算不上最踊跃的，却也因各种理由参加了一些，每当离开聚会场所，自然有兴高采烈、意犹未尽之时，但偶尔也会因浪费时间而懊悔。

为什么会出现后一种情况？

大家出门赴会，可能会抱着各种各样的目的，而最基本的目的之一肯定是"发现与被发现"，即发现对自己有价值的人和机会、有启发的思想和观点，同时也让自己或自己带来的机会、思想、观点被别人乃至重要的人发现。既然有此种期待，当然就希望与会的每个人都是有备而来的，都是经过长期积累，作为足够分量的资源、能量、机会、价值的携

⊖　此文 2003 年 2 月首次发表于《中国企业家》。

带者而来的，如其不然，则可能因为彼此之间的种种不匹配、不默契而产生尴尬和失望，不管处于什么样的位势，大家都容易产生一种不舒服和浪费时间的感觉。回想自己的类似经历，周边的人分量太重或分量太轻，都曾是使自己产生挫败感，无功而返的原因。

说了这么多，其实最想说的就是这么几句话：一个人参加聚会时的话语权、聚会时在别人眼中的分量，其实是他出门赴会前长期积累、长期奋斗的结果。因此，在面对参加聚会的各种机会时，为了不让自己或别人失望，最好不要急着出门，一定要先看看自己是否真的准备好了。如果还没准备好，宁可静下心来好好准备一段时间，所谓"台上一分钟，台下十年功"，那个"台"又何尝不是指人生大舞台呢？

有句广告词说，只有超强可以满足超强。真正有质量、有效率的社交，都是大致对等的价值交换，包括情绪价值。您见过社会交往中价值差异巨大的双方建立"深度友情"吗？您认为这种友情是平等且可持续的吗？

将军赶路，不追小兔^一

这几个字只对想要成就大事业的人有意义。如果面对的是一个三个月没吃过肉的乞丐，一只腿脚还不麻利的小兔无异于天赐美味，你又何必阻止他兴致勃勃地去追那只小兔？与他大谈什么"将军赶路，不追小兔"，岂不荒唐？

遗憾的是，有些本来资质不错、有望成为"将军"的人，却因"赶路"时且行且玩，经不住"路边"某些小名小利的诱惑而停了下来。等他猛然意识到自己此行的使命，匆忙起身继续赶路时，却发现天色已晚，且有一些"笨鸟先飞"、一刻不停的人走到了前头。到头来，因为左顾右盼而耽误行期、葬送前程的倒是他自己。

做人如此，搞企业何尝不是如此。最近同用友软件集团董事长、总裁王文京聊天，谈到多元化经营的利弊得失时，他说用友也险些因"追逐小兔"而伤其根本，铸成大错。1992 年，全国兴起房地产经营和证券热潮，一向稳健的王文京也禁不住跃跃欲试，切出一块资金投入其中。好在他觉悟较早，未等出现大的闪失便全部拔出脚来，回到企业作为安

⊝ 此文首次发表于《中国企业家》1997 年 7 月第 7 期。

身立命之本的财务软件产业。几年来，王文京心无旁骛，带领用友软件集团在自己的主业上苦心经营，匆匆"赶路"，稳坐了财务软件领域的全国第一把交椅。回头看，王文京认为，一个企业如果没有长远的发展战略规划，并坚定不移地走下去，逐步在某个领域形成特殊优势，是很难持久的，这大概也是许多企业红火一时、昙花一现后很快销声匿迹的原因之一。对中国的绝大部分企业而言，过早地搞多元化经营，可能远不如在单一产业上形成强大的规模化优势来得可靠。"把所有的鸡蛋都装在一个篮子里"的风险，可能主要得等到企业发展到大的集团或财团的规模、"鸡蛋"已多得"一个篮子"装不下时才需去面对。而在企业的上升期或成长期，还是牢记"不熟不做"的商训，用心专一些为好，免得生出一些不必要的"成长的烦恼"。

将军赶路，不追小兔。愿我们的企业界出现更多的"将军""元帅"。

说给读者

"将军赶路，不追小兔"这简简单单的八个字，包含了使命与机会、长远与眼前、专注与分散等多个有意思的话题。本人曾经说过一句话："一个人围着一件事转，最后全世界都可能围着你转；一个人围着全世界转，最后全世界都可能抛弃你。"您更欣赏哪种人生和事业态度？您愿意做那种一辈子把一件事做到极致的人吗？

告别《中国企业家》的三个理由[⊖]

刘东华要离开《中国企业家》？开什么玩笑！

在很多朋友看来，我的名字已经深深地和《中国企业家》、中国企业家群体和企业家精神等概念连在一起，因此我主动辞职对他们来说简直就是不可思议的事情。但消息得到确认后，"意料之外，情理之中"的说法就逐渐占据了主流。连日来朋友们无数的电话、短信，网友们的热切关注和评论，无不给我温暖和力量。尤其是那些身负重任的巨人们居然也被牵动了神经，这一切都让我深感昨天的付出十分值得，明天的探索动力倍增。

人都是感情动物。《经济日报》20 年来对我的培养、塑造，杂志社十几年同甘共苦形成的一百多人的"子弟兵"队伍，以杂志社事业为纽带维系的数以百计的合作伙伴，数以千计的每年见面、交流的朋友，数以万计、十万计、百万计的服务对象和读者，彼此的默契逐年加深，岂是说离开就能忍心离开的？

就因为这个不忍心和不舍得，从我初下决心要离开到最后的痛下决

⊖　此文 2010 年 12 月 31 日首次发表于新浪博客。

心，过程竟有五年之久，其间在杂志社的很多努力和举措，我其实都是为了离开的那一天更加安心和放心而准备的。现在可以简单陈述一下让我最终痛下决心的几条理由了。

第一，二次创业以来我们一直在提倡和践行的一系列核心价值理念不但已经深入团队的骨髓，而且已经成为团队强大的战斗力和行动力的来源，成为整个事业平台独特的凝聚力和吸引力，只要这个团队不散，这个事业的未来就会越来越好。不管体制内还是体制外，都很难找到拥有如此雄厚的积淀和如此健康的团队的平台。这就是我出去创业那么需要人、需要自己培养的人，却咬住牙关公开承诺不从杂志社带走一个人的原因。

第二，若干年来，我已经有意识地逐渐在杂志社的操作层面淡出，越来越成为大家所谓纯粹的"精神领袖"。就连每年一度最盛大的中国企业领袖年会的嘉宾邀请和沟通，都几乎不再需要我打电话，团队基本上都可以独立完成了。如此，这种看似挥洒自如、游刃有余的"甩手掌柜"生活方式，虽然很舒服，也让很多人羡慕不已，但毕竟太像退休生活了，既不符合我四十几岁的年龄，也不符合我"闲不住、爱折腾"的性格。更何况，我身在 CEO 的位置，却并未完全尽到 CEO 的责任，时间长了对杂志社岂能是好事？

第三，我经常跟大家说的一句话是，不要以为我们已经做的有什么了不起，就我本人而言，我已经做的只占我自己想做的不到百分之一，占能做的不到十分之一。对于《中国企业家》这个平台，既然愿景清晰，目标明确，时代需要，自己热爱，大家一心一意做下去就好了，前面等有意义的人生，就是不断打开一扇扇从未打开过的窗口，创造并欣赏新的价值空间的过程。本人48岁时把过去归零，重新出发，您能理解我为什么会做出这样的选择吗？如果您是我，您会做出这样的选择吗？

着创造的惊喜还多着呢。而我除了这个平台之外，确实还想尝试做一些新的、其价值可能也绝不亚于这个平台的事情。如果这么多年来我们一直在倡导的价值主张和行为原则大家真的相信了，我在这个平台存在的价值就已经不大了，因为我的重要责任就是让大家相信。既然我在这里的价值已经不大，而我酝酿已久要去探索的新的重要的事情又不适合在这个平台上展开，还有比这更好的告别这个平台的理由吗？

当然，所谓"告别"也并不完全准确，因为应领导和同事之邀，我将会以某种方式继续在这里发挥作用。最后，我还想以自己一贯的理想主义、乐观主义情怀在这里表达一下愿望和决心：我离开后的《中国企业家》的各项事业是不会让大家失望的，我下一步要创立的新平台也绝不会让大家失望。

感谢所有的朋友过去与我们同行，期盼所有的朋友未来继续与我们同行。

什么是用心前行[○]

企业发展最重要的是人，人最重要的是心，心最重要的是相信。今年正和岛两会沙龙主题是"2016 我们相信什么？"，正和岛推出的三个相信是"相信党和政府，相信自己，相信企业家精神"，沧海横流方显英雄本色，就是这颗强大的坚定的心。重庆的正和岛现象、正和岛的重庆现象核心是大家的这颗心，这颗心的核心就是相信，就因为这个相信重庆正和岛创造了那么多的第一，成为过去一段时间全国正和岛的榜样。

什么是"思变"？"思变"重要的是变，这个变不是你思不思的问题，世界的不确定性越来越多，怎么办？无他，用我们的确定性去应对这个世界的各种不确定性，去主动地、乐观地、自信地拥抱变化。拥抱变化，因为有那颗心，有那颗坚定而相信的心，所以便不仅仅是思变，不仅仅是应变，还是迎接和拥抱变化。

什么是"成长"？这两年，我一有机会就会说"告别机会主义，拥抱专业主义"，用专业主义取代机会主义，用创新驱动替代过去的抄袭与模仿。

只要发自内心地相信，梦想就不再遥远。迄今为止，您曾经因为相信而最终实现的最难的一件事是什么？您还有什么类似的梦想？

当我们有一颗真诚的心，有一颗相信的心，有一颗拥抱变化的勇敢的心时，各种各样的方法、各种各样的策略、各种各样的模式、各种各样人类的科技进步都会来武装我们。我们的努力、我们的创造让我们所影响的商业世界越来越美好，这就是正和岛在中国，在这个世界的重要使命。

未来已来，你的下一步[○]

我今天的大主题是"未来已来，你的下一步"，我讲一下我们的下一步。

我想用四个"三"来概括。第一个"三"是我们今天面临的三大困扰。第二个"三"是基于这三大困扰，我们应该是什么心态，所以是三个心法。第三个"三"是有了这三个心法和健康心态之后，再看看这个世界有哪三大机遇。第四个"三"是抓住这三大机遇要依靠三个"无限"。

大家今天能坐到这里非常不容易，大家面对的何止是三个困扰，困扰太多了，我简单归纳为三大困扰。

第一大困扰。大家现在还知道怎么跟政府和官员打交道吗？我估计大家现在都不会了。原来的方式肯定是不行了。但是离政府太远了行吗？太多的事情是需要官员的理解和支持的。所以我说离政府和离官员太远了可能冻死，太近了可能烧死。怎么办呢？新政商关系应该如何建立呢？这是第一大困扰。

第二大困扰。今年大家都知道的最热的词一个是双创，另一个是互联网＋。互联网＋也好，＋互联网也好，一会儿风口来了，一会儿猪飞上天了，真飞上天的猪一会儿又掉下来了，摔死也是一片一片的。很多朋友，

___

○ 此文源于第十六届"学习型中国－世纪成功论坛"演讲。

包括正和岛上很多企业家、很多传统企业成功者和领导者真的不知道怎么加，不知道怎么被加，加来加去可能成本越来越高，效果也不明显，甚至还伤到了自己的根基。如何面对互联网化的浪潮，我觉得又是一大困扰。

第三大困扰。大家觉得，我好不容易学会的驾轻就熟的方法、模式都越来越不管用了，所有的成本都越来越高，但是我们的产品和服务，消费者、市场，这个社会越来越不买账。旧的扔不掉，新的又没准备好。

这三大困扰，弄得大家确实很苦很难，这个苦和难 2015 年没有看到头，2016 年还有加重的趋势，所以我说这是三大困扰。

怎么面对这三大困扰呢？就是回归我们的内心，让心回家。我们要用什么样的心态来看待这三大困扰乃至于无数个困扰呢？我提出三个心法。

第一个心法是我们真的要从为手段而战，简单地为发财致富、为成功而战回归到为意义而战。

我们过去追求的很多东西都是手段。百万富翁、千万富翁、亿万富翁、中国首富、世界首富，不管是成功还是财富，都应该是阶段性的目标，但那不是人生的目的，而是手段。很多人成功了，发了大财或者当了大官了，反而危险更大了，离"死"更近了，活得更没有幸福感和意义感了。

我们为什么要做企业？我们为什么要发财？为什么要成功？过去是因为由不得我们，因为我们都快活不下去了，我们没法过体面的生活了，等等，所以我们把手段当成目的。但是今天我们要从头思考，我们做企业，我们追求财富，我们追求成功到底是为了什么？一定是自由和幸福，一定是更大的成就感和意义感，一定是更大的内在尊严和外在尊敬。

第二个心法是我们不要过度关注外部评价。

　　大家都希望获得鲜花与掌声，都希望被人群簇拥，都希望有一天站在舞台的中央赢得世界的喝彩。但是我们要从过度关注外在评价，关注别人怎么看我们，回归到我们内心的评价，包括我们认为什么是最重要的，我们活着到底是为什么。正和岛海外游学重要一站是以色列，著名经济学家周其仁教授跟大家同行，七天没日没夜地跟大家在一起，回答大家的问题。他说中国企业家的一个共同的重要病根是要的太多，信的太少。不相信自己内心深处的呼唤，宁愿随波逐流。我非常推崇的一位企业家郭广昌说，你最真诚相信的就是你最有力量的。前一阵大家都知道郭广昌突然失联，众人哗然，正和岛就在那个时候推出了郭广昌的三个相信：相信政府，相信企业家精神，相信自己。只要你内心有坚定地真诚相信的东西，你就有定海神针，你就不必过度关注外界。

　　第三个心法是不要太在乎眼前，把眼光放长远一点。

　　大家知道日本的百年企业有多少吗？近 3 万家。我们泱泱 5000 年文明的大国，有几家百年企业？我们传承什么？哪怕是我们那些红极一时的企业、发大财的企业能传承什么？我们能不能把我们的眼光，把我们的追求放得稍微长远一些？周其仁教授看到了中国企业家的另外一个问题，他说中国企业家的心理能量远远承载不了这个时代对企业家的需求和要求，承载不了这个时代的使命。所以他说中国企业家需要一颗"大心脏"，需要站得更高，看得更远。

　　这三个心法，让我们从为手段而战，真正回到为意义、为人生的目的而战，从过度关注外部评价回到内心自我评价，从过度关注眼前回到把眼光放长远一些。不但我们这一辈子，我们让子孙想起我们的时候，能想到"我那个老爷爷给我们，给我们家族，给这个社会留下了什么"。

如果你用这样一种心态再来看你眼前的困扰、困苦甚至困境，你会发现这个世界变了，这个世界在你的眼前全变了，你至少会看到三大机遇。

第一大机遇是消费升级给我们带来的机遇。看上去中国的人口红利逐渐在消失，但是中国的消费在升级，2亿以上的中产阶层每年还在大幅度地增加。一方面，靠打价格战，我们生产的那些产品、提供的那些服务越来越没人要。另一方面，品质稍微高一点儿的产品和服务大家又找不着，忙着海淘，消费升级，有一段时间中国人满世界买东西，结果全世界嘲笑中国人，说我们卖什么什么便宜，买什么什么贵，把日本的马桶盖全搬回家。所以，周教授说中国企业家有的是仗可以打，要求稍微高一点儿，红海就变成了蓝海。转型升级有无限空间。

我有一个好朋友，他是一位非常了不起的企业家，差不多跟我同龄，前两天他跟我说我们这一辈子对中国最大的贡献就是从短缺经济干到了过剩经济。改革开放之初要什么没什么，短缺，干什么什么划算。干成了过剩经济，所有东西都"烂大街"。但是消费一升级，要求稍微高一点儿的需求都很难满足。所以，空间是无限的，有的是仗可以打。

第二大机遇是互联网，就是互联网＋，互联网×。

当你真的静下心做自己最应该做的事情的时候，你会发现这个世界都会帮你。最能帮你的就是移动互联网，就是大数据，就是云计算，就是物联网，等等，所有这一切都会成为你的助力。但是最重要的是你必须创造出你的核心能力。互联网可以成就你的核心能力，并放大你的核心能力。互联网一点儿都不可怕，像我这样的超级小白，我对一系列新的东西、科技类的东西都很害怕，但是后来发现它们都是来帮我的。只要你知道你是谁，只要你知道你来这个世界承担的使命，要为这个世界创造的价值，这个世界就会用最好的东西来帮助你。所以互联网＋、互联网 × 就成了我们要拥抱的巨大机遇。风口的猪可能会掉下来，但是当我们有了核心能力，我们就会长出翅膀，就会成为鹰，有没有风都能飞上天。

第三大机遇是新政商关系，这是中国企业家尤其是民营企业家的重大机遇。

大家知道在什么事都需要去勾兑，那种成本越来越高的环境里，想要尊严比登天还难。今天的新政商关系，给大家安全感，还给大家尊严。包括我说的郭广昌的三个相信，他说"我就不信，我好好地做企业，我干干净净地做企业，我透透明明地做企业，政府非要搞我，非要搞死我不可"，他说他不相信。过去他不相信，现在就更不相信了。

其实这一两年我一再说企业家要断了通过私下勾兑去谋求特殊利益的念。哪怕偶尔还能做到，咱也不能干，为了得到点小便宜，可能把整个身家都带进去了。关键是投机主义的思想给不了你成长，给不了你尊严，更给不了你尊敬。我们把自己该做的事情做好，谁挡住我们的路，谁挡住我们的阳光，我们会非常客气地对他说"对不起请让一让，你挡住了我的阳光"。

要驾驭好这三大机遇，就要依靠三个无限。

第一个无限是每个人无限的潜能，这是指每一个人所携带的基因能量的无限性。俞敏洪说他创造价值的潜能最多只用了 10%，我们有多少人超过了俞敏洪？所以说我们身上最大的富矿还远远没开采出来呢。

第二个无限是趋势和潮流的无限性。互联网＋，包括智能机器人。日本的长寿企业是全世界最多的，孙正义最近又放出一个狂言或者说是豪言，他说日本将来又会成为全球经济第一，因为他坚定地相信日本会在超级智能机器、智能机器人方面领先世界，他们会基于移动互联网，基于大数据、云计算，创造出最能够满足较高级的工作要求的机器人。可能会有 1000 万、2000 万、3000 万、5000 万的高智能机器人，把大部分一般性的工作岗位全部替代了。如果你跟不上趋势和潮流，再牛也只能停留在上个时代，新的时代跟你无缘，因为季节变了。所以趋势和潮流的无限性，只要你弄懂了，跟上了，它们就会为你服务，它们是浪潮，而你是弄潮儿。

第三个无限是工具和方法的无限性。如果你有坚定不移的目标和强大的动力，你的工具和方法在面对各种困惑和挑战时就会不断升级，所以你的工具和方法也是无限的。

说了那么多，四个"三"，最后万法归一，"一"就是我们的这颗心，心生万法，让我们的心回家，让我们从这颗心开始。大家的真心是一颗心，大我是一个我，世界是一个家。我们要努力用这颗真心，通过小我向大我的进化为整个大家庭贡献自己的汗水和智慧。

说给读者

未来不但已来，而且在用各种方式直接扼住现在的咽喉。本人 8 年前的这四个"三"，有多少已然时过境迁，多少还有较强的针对性？您是如何看待这个世界的现在和未来，如何规划或设想自己的应对之策的？

新生代如何擎起新时代[⊖]

人类的任何时代都有新生代，但是今天格外不一样。大家知道有多么不一样吗？人类历史上从来没有一个时代，它的年轻人有这么强大。

我不知道别人有没有提出过这个概念——"青春主权"。谁拥有青春，谁就代表这个时代的"主权"。我们这些"老人家"过去也是年轻人当中的佼佼者，但是，我们那个时候的年轻人在那个年代的成功者面前是没有任何骄傲的资格的。

今天的年轻人不只代表未来，而且已经直接代表现在了。为什么呢？因为他们是互联网、移动互联网的原住民。人类进步根本上是由获取信息的方式决定的，作为互联网的原住民，他们可以用最新的方式得到人类最新的信息和知识的武装，这就叫"青春主权"。

其实我真的不太担心代表"青春主权"的青年创业者、青年领袖的创新能力，我担心的恰恰是他们这个能力太大，大到非理性，失去控

⊖　此文源于 2021 年 4 月 9 日"未来科技产投家论坛暨创变未来学院成立仪式"演讲。

制。如果你驾驭不了，它就毁灭你。说难听点，就像潘多拉的盒子被打开了。

它不是核武器，核武器是看得见的威胁，甚至都不是气候变暖，气候变暖也是看得见的威胁，看不见的威胁可能恰恰是大家都觉得了不起的某些创新。举一个简单的例子，人们担心高级人工智能有一天会产生自我意识，一旦它们产生自我意识，就能力而言，人类在它们面前连蚂蚁都不如。而人类就会在没有任何风险预案的情况下，在这条路上发足狂奔，不能自持。

5年前，正和岛把岛邻大会更名为创变者年会的时候，我们对创变者有一个自己的定义，即"通过有良知的创新，推动商业与社会变革的先行者"。如果这个社会的"创"和"变"没有良知作为前提，人类就离死不远了。霍金生前曾经预言，人类可能活不了200年了。注意，他说的是人类，但是他并未认真解释理由。

关于这个话题，多年前我在达沃斯问过无数各界领袖。我说目前运行的很多逻辑都在导致人类号航班将面临一场空难，你们觉得是不是事实？几乎没有人否认。我问"应该做些什么？"，大部分人都会说自己又没在驾驶室，由它去吧，甚至还会有一点儿小小的得意，那意思是反正自己在头等舱，空难之前的每一天都能享受到这架飞机上最好的服务。

真是何其可怕！何其可怕！

所以，我们问：新生代如何擎起新时代？今天这个时代不管是科技进步还是国际形势，包括大国关系带来的风云变幻，一不小心就会让你坠入不知道什么样的深渊。

《道德经》里有一句振聋发聩的话："奈何万乘之主，而以身轻天下？"

什么叫"万乘之主"呢？就是有一万辆战车的国家的君主，也就是大国之君。这句话意思是，万乘之主怎么能因为小我的欲望和对快感的追求，而"轻天下"，而把天下扔到一边呢？怎么可以把自己的欲望、快感的最大化看得比天下还重要呢？

老子虽然是讲给君王的，但我觉得在座的各位，人人都是"万乘之主"，因为我们每个人都是人类命运共同体的责任承担者，每个人也都是自己人生的董事长兼 CEO。

当年几个朋友在筹备《中国慈善家》时，拉着我做出品人，我就给《中国慈善家》定义了一个价值主张，很简单的几个字——"让成功与财富更有意义"。我们的成功与财富不是只为满足"小我"，置别人、环境和未来于不顾，更不是自己越成功就让这个世界越危险。我今天一点儿都不担心大家的创新能力，不担心大家创造财富的能力。我担心的是那个大的"为什么"大家是否想清楚了，从为什么到怎么做，再到做成之后你会干什么，这些才是最重要的。

正和岛开始的时候有句说给年轻人的话，"如果你想成为巨人，就要创造和巨人在一起的资格"。那是在 10 年前。现在很多青年领袖可能觉得，"我没有必要跟他们在一起，我直接成为巨人就得了"。当时还有一句说给巨人的话，就是"如果你还想拥有未来，就必须和代表未来的人在一起"。

这篇短文提出的真是一个很要命的问题。认真体会文中之意，您认为人类的理性能力能驾驭好"为什么"和"怎么办"的关系吗？回到自己身上，您觉得"为什么"和"怎么办"哪个更能代表您经常要面对的主要矛盾？哪个又在根本上决定自己人生的成败？

"和未来谈恋爱"，我们这些老哥们儿代表的一些东西可能是一辈子不变的、坚定不移的，就是对"先问是非，再论成败"的价值理念，对所有事情前面的那个"为什么"特别坚定。这里的年轻人代表"青春主权"，最厉害的还是"怎么办"。所以说在这个"恋爱"中双方各有价值和优势。

因此，我们要学会和未来谈恋爱，年轻人也要学会跟我们谈恋爱，大家共同把"为什么"和"怎么办"这两件事都做好。如此，新生代才能更好地擎起新时代，这个世界也才会因为我们的"创变"变得更健康，更美好，更可持续。

不进化，企业家就很难
吃好这个时代的"青春饭" [⊖]

进化不是一件容易的事

改革开放 40 年，其中有二三十年我一直在坚持做一件事——为企业家服务。这 40 年中，对中国商界、中国企业家这个群体来说，如果要留下一点儿时代记忆和历史记忆的话，该留下什么呢？

我觉得，首先要把这 40 年当中最具代表性的商界人物给挑出来。

有一次和朋友丁立国聊天，他发感叹说："我们这些人，都是这个时代的活化石，还活蹦乱跳的，有些甚至还挺年轻的，就已经成了化石了，甚至还具备了化石般的标本意义。可能几百年甚至几千年都很难再找到我们这么一代人了。"

我是 1963 年的，丁立国比我小一些，但都是 1960 年前后出生的这代人，短短几十年间都经历了什么呢？

记得小时候去农村的姥姥家，当时就颇有感叹——村里百姓住的房

⊖ 此文 2019 年 5 月 27 日首次发表于"盒饭财经"微信公众号。

子，还有农民下地干活用的工具，和几千年前几乎没有什么差别。房子是土坯，就是泥垛起来的；下地的工具还是犁，就是一个原始的铁器。人类使用铁器也好几千年了，而农业工具一直没有明显的改变和"升级"。

然而，就在短短的几十年间，各方面都发展到了连做梦都不敢想象的水平，从最低的起点到最高的状态，全用这几十年承载了。

大家看我，虽然头发掉得好像挺多，年龄也五十大几了，但是我真的觉得我有一颗年轻的心，觉得自己好像也就二十来岁。

有一位老人家曾经说过这么一段话："什么叫青春？什么叫老？一个人不管你做的事情多么微不足道，如果你觉得你的成就已经大于你的梦想，那么你已经老了。反过来，不管你的成就有多么了不起，如果你觉得你的成就与你的梦想和可能性相比还差得远呢，那就说明你依然年轻，甚至依然青春。"到了移动互联、智能互联的时代，企业家一不小心就变成了吃青春饭的群体。

大家都知道过去说"吃青春饭"，比如说漂亮女孩不管多漂亮，也不可能永远那么年轻、那么漂亮，是吧？毕竟花无百日红，长不出别的东西很快就没什么市场了。

过去，企业家掌握一个核心能力，将核心能力变成产品，变成服务后，可以吃很多年。一旦成功，一旦被市场确认，甚至变成品牌后，直接可以躺着睡大觉，睡几年都不成问题。等睡醒了看看，竞争者离自己还远着呢，还可以接着睡，接着玩。而如今，不管现在做得多出色、多成功，或者核心能力多强，可能睡一觉天下就全变了，自己就已经被淘汰了。

所以，现如今，身边那么多了不起的成功者、大家，想优雅地老去，已经变得无比困难。不管你原来或现在多么强大，都可能一不小心就被扫进垃圾堆。于是，对企业家来说，只要你吃这碗饭，这个时代就会逼着你持续青春、持续年轻，一点儿都不能懈怠，稍有懈怠，就可能被淘汰。这就是我所谓的，企业家不得不"吃青春饭"，不得不持续青春，不敢脱跑鞋，不敢打瞌睡。

1992 年邓小平南方谈话那一年，我在《经济日报》评论部创办了"民营经济"专版，从那时开始到现在，一共 27 年，这 27 年就是在干一件事，就是服务——服务民营企业和企业家。最近我们的小伙伴给我这近 30 年的经历提炼了 7 个字：爱并成就企业家。如果要给这个时代，给历史留下点什么，需要挑出一批人来，那这批人最值得留下的是什么？当然是思想，是他们的企业家精神。

过去经常有朋友问我："东华，你天天跟那么牛的人打交道，你觉得他们最大的共性是什么？"我琢磨了一下，发现他们最大的共性是善于直击本质，并驾驭本质。

其实，这一共性，不只在企业家这个群体中有体现，在思想、科学、政治、军事等各大领域中，最厉害的那些人最大的共性也是善于直击本质，并驾驭本质。经典电影《教父》的主人公曾经说过这样一句话："用半秒钟就能看清楚事物本质的人，和一辈子都摸不到本质大门的人，他们的命运是截然不同的。"

《进化》这本书承载的是什么？我们40年挑了22个人，我们的标准是什么呢？

第一，这个人做得好，就是他在生命实践、商业实践方面做得好；第二，他不但做得好，而且他在做的过程中，有太多值得跟大家分享的东西，也就是有足够大的经营思考和商业哲学方面的价值；第三，还必须善于表达。有的人做得很好，也很有料，但不善于表达。《进化》这本书收录的就是我们在改革开放40年里选出的那些做得好，又有思想，同时还善于表达、善于讲故事的企业家的成长经历。

"真正高贵的人，他的苦难都是自找的"

为什么叫"进化"呢？

不要以为你有了点钱，乃至于出了点名，拥有了资源、权力等你就进化了。未必，那可能是退化的开始，甚至是异化、夭折的一些条件。

老祖宗说过很多了不起的话，而且十分精炼。有一句说，"天欲祸人，必先以微福骄之"，乃验其命贵贱。

解释起来大概就是，老天爷要糟践一个人，会先给他一点儿小恩小惠，来考验他的命到底是贵还是贱。这话多厉害，给你点儿小恩小惠，让你生起那颗骄傲、贪欲之心，如果你反而更加感恩、敬畏、珍惜，那可能说明你的内心真的很高贵；如果抓住这点东西，骄奢淫逸，那可能很快就会掉下万丈深渊。

反过来，"天欲福人，必先以微祸儆之"（老天爷要想给一个人大的福报，会先给他一些压力、挫折，甚至苦难来提醒他），乃考其智方圆（看看他的智慧、追求、境界是不是足够圆融）。

所以说，进化并不是那么容易的一件事。为什么改革开放 40 年，中国商界那么多了不起的成功企业，那么多了不起的成功企业家，我们挑来挑去就挑出了 22 个人？这 22 个人，除了经住了自己的考验，经住了社会的考验，还经住了老天爷的考验。

我有一句话，真正高贵的人，他的苦难都是自找的。因为他对自己的生命、对自己的人生有很高的追求，所谓"心有大愿，必有魔考"，你发多大的愿，就有多大的苦难来考验你。

有时候我会开玩笑来解释这个话题，我说你看，有一个天下至善、至美、至纯的梦中情人天天向我招手。一开始我以为自己长得这么丑，不可能是向我招手，后来仔细一看，确实是在跟我招手。

那我能不过去吗？肯定得过去吧。但如果真的想过去，考验就来了。既然是天下至善、至美、至纯的梦中情人，谁不想过去？谁都想过去，那凭什么跟我有缘？那便是老天爷对我的考验，还不是一般的考验，太多的死去活来验明我的正身。

甚至这个考验就是一个炼丹炉。就像王阳明先生说的，金之在冶。把一块金子扔到炼丹炉里，炼啊炼啊炼，不是金子的部分稍微一炼就化了或者成渣子了。反复炼，炼来炼去，就会炼成纯金，甚至炼成一个火眼金睛跳出来。

所以这么多年，从《经济日报》"民营经济"专版到《中国企业家》，进化、异化还是退化，这是不唯商界，也是每个人乃至整个人类要严肃面对的问题。优秀企业家群体能否称得起人类族群进化的榜样？您认为自己的生命运行在健康进化的轨道上吗？

再到中国企业家俱乐部，一直到创办为企业家服务的一个集大成的平台——正和岛，在观察、评价、选择优秀企业家，选择进化的榜样这件事上，我们从来没有含糊过，绝不拿标准、原则、价值观和判断力做交易，这就决定了这22个了不起的企业家应该是经得起考验的，他们不但善于把一把烂牌打成王炸，而且更重要的，真正在用内有尊严、外有尊敬的方式，探寻一条持续创新、基业长青之路。

善于做理想主义者[⊖]

每个人都有自己的理想。或者至少，每个人都曾经有过自己的理想。

一般说来，一个人年龄越大，经的事越多，做人、做事的理想色彩就越淡；反之，理想色彩则越浓。

就拿我们《中国企业家》来说，新来者可能豪气冲天，觉得这么好的一块金字招牌，如若不干出一番轰轰烈烈的事业来简直就是暴殄天物；而亲身经历过杂志兴衰起落的"元老"就可能置之一笑，认为不过是"城南旧事"的简单重复而已，年轻人嘛，谁还没点儿想法？

两种心情，两种姿态，应该说都是可以理解的。

几年前，就曾见到一位智者的文章——《勇于做一个理想主义者》，心里好生感动。做理想主义者，意味着一个人在为理想而献身的过程中，可能遭人误解、受人耻笑，可能付出很大、所得甚微，可能被人冷落、四处碰壁，总之是风险很大、代价很高又很难问收获的一种生存方式。没有勇气，没有一般人所不具备的勇气行吗？

⊖　此文首次发表于《中国企业家》1997 年 1 月第 1 期。

然而，做一个真正的理想主义者，仅有勇气又的确是远远不够的。

随着年龄的增长与阅历的增加，绝大部分"理想主义者"之所以"泯然众人矣"，甚至视自己昔日的理想为荒唐可笑，主要的原因恐怕并非缺乏实现理想的勇气和热情，而是在理想与现实的冲突中，由于一而再、再而三地碰得头破血流，逐渐把勇气、锐气、志气磨掉了，并最终在强大而残酷的现实面前缴械投降。从这个意义上说，匹夫之勇、无知之勇，不但不会帮助一个人接近目标，实现理想，反而可能使人在一次次惨痛的失败之后心灰气丧，放弃理想。

只有善于实现自己的理想，才可能长久地保持一个理想主义者的勇气。

善于实现理想，就需要对现实世界有充分的了解和把握，在解决矛盾的时机尚不成熟，克服困难的条件还不具备的情况下，绝不以卵击石，轻举妄动；就需要既敏于自己的直接经验，不在同一块石头上跌两次跤，又敏于别人的间接经验，善于把别人的教训化为自己的财富。

正是由于在这些基本问题上很快达成了共识，杂志社的新老同志才又一起加入了理想主义者的行列，在崭新的起点上再度鼓起了理想的风帆。去年在接近年底的很短时间内，大家齐心协力为《中国企业家》再上台阶做准备，决心今年上一个中台阶，明年上一个大台阶，在 3～5 年内把《中国企业家》办成同类杂志的"中国第一家，世界第一流"。而且，我们这次的准备不仅是勇气的准备，更重要的是方法的准备、思路的准备、运行机制的准备。有了这些方面的准备，我们的追求就不再盲目，我们的目标就不再模糊，即使在前进的道路上遇到风雨雷电、艰难险阻，即使偶尔摔上几个重重的跟头，只要能够不断接近理想的彼岸，赢得来自上与下两个方面的理解和鼓励，我们就定然是苦中有乐，干劲倍增、勇气倍增的。

今天奉献给读者的 1997 年第 1 期《中国企业家》是我们在尚未做好充足准备的状态下推出的“试验品”，供新老朋友品评。至于我们自己的感觉，敝帚自珍是在所难免的。责任编辑、刚过而立之年的唐卫东最为典型：不久前的一个夜晚，当身边的妻女沉入梦乡后，唐先生翻阅着这期杂志的二校稿竟然兴奋不已，难以成寐，刹那间内心深处漫上来一个声音——自己生命中最重要的寄托，不就是正在咿呀学语的女儿和《中国企业家》吗？

这，大概就是一个理想主义者收获理想时的心态。

说给读者

理想主义者越来越成为人类的珍稀物种，是因为“善于”和“勇于”缺一不可。您是一个理想主义者吗？您认为现实主义和理想主义，哪一种离理想的真正实现距离更近些？

- 真正的理想主义者从来都是最善于吃透现实的，真正的完美主义者一定是最懂得笑对遗憾的。

- 在劳斯莱斯的生产线上，我们看到不少白发苍苍的产业工人在非常专注地忙碌，我们所接触的每一个劳斯莱斯的工作人员都对自己从事的事业充满自豪。在我们看来，最伟大的商业机构大多不是把挣钱作为最高目标，而是在追求一个自己热爱、社会需要的理想。

- 做脚踏实地的理想主义者：创业者要勇于并善于通过造福世界来造福自己，通过改善别人的命运来改变自己的命运，通过为社会解决问题来解决自己的生存发展、做强做大的问题。创业的过程，就是立足现实不断挑战各种极限，并逐渐把挑战极限变成常态，变成享受的过程。

- 真正的理想主义者只有比现实主义者更懂得现实，吃透现实，才可能坚守和捍卫自己的理想；只有比现实主义者更顽强、更坚韧、更智慧，才可能实现和放大自己的理想。否则，那就不是真正的理想主义者。而任何貌似理想主义的空想和幻想总是被冷冰冰的现实击得粉碎，也就变得十分正常、毫不足惜了。

- 我们必须面对现实。如果说是理想主义者的话，那么，我们是立足现实的理想主义者；如果说是完美主义者的话，我们是笑对遗憾的完美主义者。吃饭与发展的矛盾，理想与现实的冲突，只能使我们变得更加理智、更加顽强、更加成熟。

- 真正的梦想家，不但是能够唤醒、激发很多人梦想的人，而且一定是最善于把梦想变为现实的人。

- 鸟为什么会飞？不是因为它有翅膀，而是因为它有飞的动力。飞机为什么会飞？不是因为它有翅膀，而是因为人类让它承载了飞的梦想。有梦想和动力，没翅膀的人可以创造各种"翅膀"；没有梦想和动力，有翅膀的鸡只能是一只笨鸡，永远也飞不起来。

- 路上，身边是不尽的车流，每辆车都有自己的既定目标。人生的大部分时间，我们都奔波在追逐梦想或目标的过程中，看似浪费很多时间。如果有机会省略一切过程直达目标，那个目标会不会反而变得索然无味呢？或者，一个完全不需要努力和付出就能达成的梦想，会不会在我们的内心失去它应有的意义和价值呢？

- 为别人活着的人理应比别人活得更好，现实却可能相反。因此，人类的制度安排仍很初级的表现之一，是对那些能力大致相当者而言，有时候，谁把主要精力用在公共利益上谁就更加吃亏，谁把主要精力用在个人利益上谁就更加受益。这就使一些优秀的人丧失了献身公共事业的动力。

- 有的人说话，自己从来不信，却总是希望别人相信或装作相信，人们管这种人叫政客；有的人说话，能够把自己和别人感动得泪流满面，但是他转瞬即忘，惯把虚拟情感当饭吃，人们管这种人叫演员；有的人说话，天真烂漫，如痴似狂，却言出必行，十行九果，人们一开始管这种人叫疯子，后来管他们叫英雄。

死穴

法门

九死一生、勇往直前的商业实践让企业家们有机会认识和把握各种规律和真理，而必须对企业的生存发展负责、必须对好的结果负责的天职，决定了他们表达和呈现这些规律和真理的方式的高度建设性。

8 死穴与法门

企业家的话语权[⊖]

　　每个人都有说话的权利，只是所能掌握的话筒不同。有的话筒能把声音传向整个社会，甚至传向全世界，有的话筒只能把声音传给自己的家人、朋友。这里说的话语权，当然是指重要舞台上在大功率话筒面前说话的权利。

　　重要的话语权都是自己创造出来的，只是创造的方式不同。企业家的使命主要是创造财富，他的话语权是由在创造财富的过程中一次又一次地取得成功带来的，他的商业成就越大，为自己赢得的话语权就越大。

　　有没有话语权是一回事，用不用，能不能把这个话语权用好是另一回事；用好这个话语权，为自己创造多大价值是一回事，为听众和社会创造多大价值又是另一回事。

　　作为一家严肃媒体，我们的重要职责就是寻找、发现和筛选那些通过用好自己的话语权，为社会、公众尤其是我们的读者创造巨大价值的人。于是我们越来越欣喜地发现，企业家虽然在使用话语权时比较谨慎，但他们客观上正在成为话语权使用质量最高、通过用好话语权为社会创

　　⊖　此文首次发表于《中国企业家》2002 年 4 月第 4 期。

造的价值最大的人群之一。创造的价值大，需求就大，于是，国内外各种功率最大的话筒都纷纷伸向这个群体。

与此同时，我们也深深感到自己作为媒体人的失职。生活中，有许多创业型的优秀企业家，他们都是先看到、先想到、先说到，然后历经多年的努力才做到的。也就是说，他们是远见卓识在先，创造财富在后。由于自己的迟钝或麻木，媒体通常的做法却是等到他们取得巨大的成功之后，才突然注意到原来这些成功者在若干年前就已经是思想家、战略家了，于是如获至宝，回过头来总结、提炼这些企业家自己实践多年的理论、思想，重新拿出来启发读者，奉献社会。正像本刊这期的封面人物之一、泰康人寿董事长陈东升所说："我的某些思想是 20 世纪 90 年代初就形成了的，没有一点儿变化，只是今天这些思想被人们认识的时候我才讲出来。"其实，除了他当时没有讲出来的，他当时讲出来却没有引起媒体足够注意的话不也不少吗？比如"用计划经济的余威，抢占市场经济的滩头"，比如"西方近现代 300

过去所谓"话语权"，是指社会让你对着"大喇叭"说话的资格。今天人人都有随便说话的"小喇叭"了，是不是话语权就不再重要了呢？非也！君不见越是话语权大的人，今天就越不敢轻易说话了吗？因为太容易鸡同鸭讲，解释成本越来越高了。您有没有为自己说过的话而后悔的时候？您认可正和岛新媒体要求自己"理性地判断，建设性地表达"的指导原则吗？

年的历史是财富创造的历史，财富创造的历史实际上是一个企业创新的历史，企业创新的灵魂是企业家，企业家的灵魂是企业家精神，所以企业家精神是现代社会的灵魂和根基。过去我们中国只知道有伟大的政治家、文学家、军事家，不知道有伟大的企业家，只有再加上伟大的企业家，才是一个完整、成熟的社会的标志"。类似这样的一些思想，如果早些得到宣扬，成为更多人的共识，显然会对我们这个社会的进步更有益。

因此，企业家以创造更多的财富为天职，我们则应以把他们在创造物质财富过程中形成的思想财富、精神财富发扬光大为己任；企业家更重视用好话语权给自己的企业带来更大的价值，我们则应在努力扩大企业家在全社会的话语权的同时，让这个话语权给全社会创造更大的价值。

谁讲的故事最可信[⊖]

大部分创业家创业都是从讲故事开始的。他把心中的梦想或独自看到的未来描绘出来，吸引、凝聚了追随者，打动、说服了投资者，于是，一只前途未卜的理想之舟启航了。

随着商业色彩的日益浓重，我们这个社会爱讲故事、会讲故事的人越来越多了。各种动人的商业语言纷至沓来，乱花迷眼，人性的美好与商业的功利杂糅在一起，诱人的愿景和可怕的陷阱真假难辨。看得多了，"故事"的可信性也就被人们打了越来越大的折扣。

然而，有些听起来似乎颇为离谱的故事，仍然会有人相信，而且是被那些对"故事"有着很高鉴别力的人相信，比如，世界顶级干邑白兰地品牌轩尼诗在推介它的顶级产品轩尼诗李察干邑时，有一句令人一见难忘的广告语："1万多元可买到200年的历史吗？"把200年的历史装到一个瓶子里，以每瓶1万多元的价格卖给你，还要让你感到物有所值，甚至物超所值，这就是轩尼诗家族说给全世界的故事。令人惊讶的是，全世界居然相信了这个故事。在这里，就有两个问题需要回答。一是轩尼诗凭什么敢说它就能把200年的历史装进一个瓶子，又是什么给

⊖ 此文首次发表于《中国企业家》2003 年第 3 期。

人最难得的无非"靠谱"二字。有的人在有的事上靠谱，有的人在有的时候靠谱，只有极少数人对待所有的事、在所有的时候都很靠谱，当然这样的人、这样靠谱的企业讲的故事最可信，大家最爱听。您认为自己是一个靠谱的人吗？您对自己靠谱程度的评价与别人的评价会有很大差别吗？

了它让全世界都相信它的故事的底气？二是在这个世界对各种各样的"故事"越来越没有耐心的情况下，为什么人们却会相信这个家族的离奇故事？

仔细研究一下轩尼诗的故事样本就会发现，创立于 1765 年的法国轩尼诗公司，不但以其拥有 200 多年历史的"创始人酒窖"珍存下了所谓的"生命之水"，更把创始人李察·轩尼诗创造的卓越、追求完美的企业精神和核心价值观一代代承袭下来，并在实践中不断发扬光大。也就是说，轩尼诗家族自 1765 年开始已经对这个世界讲述了 200 多年自己的故事，每次都能用自己的产品和服务把故事圆起来，每次都没有让这个世界失望。正是 200 多年的不断追求，以及日臻完美的产品品质、企业品质和服务品质给了轩尼诗讲更好的故事的资格，给了它不断在更高的层次上证明自己、赢得世界的自信。

由此可见，世界相信轩尼诗，是相信轩尼诗的 200 多年曾经被证明过的历史，相信轩尼诗一贯的对自己的故事负责的态度和能力。

一个人、一家企业尽可以把自己的故事讲得天花乱坠、迷倒众生，但如果并不是想做一个"故事大王"，而是想做一个成功的企业家，做一家成功的企业的话，就一定要尽最大的努力把自己讲过的故事在实践中圆起来。圆起来了，人们会把你的故事看作"奇迹""经典案例"，圆不起来，人们则可能把你的故事视为"骗局""坑人陷阱"。

切记：人是带着自己的历史工作和生活的，企业是带着自己的历史生存和发展的，今天让人家信你什么，在很大程度上取决于你昨天证明过什么；明天能拥有什么样的资格和信任，在很大程度上取决于你今天在创造什么。

珍视企业家中的思想家[⊖]

今天中国有没有伟大的思想家？在这个简单的问题面前，大部分国人可能要尴尬地说：应该有吧，好像是，好像有……好像真的想不出来。

主要创造先进生产力的人拥有了越来越强大的思想力，应该创造卓越思想力的人却踪迹难寻、不知所在——这个现象是否正常？按照黑格尔的说法，凡是存在的都是合理的，我们就不去探究那些本应以生产思想为天职的智慧头脑们为何缺位和失职了。这里我们集中笔墨简要分析一下优秀的企业家为什么一不小心就可能成为被人追捧的"思想家"，以及企业家的思想到底有多大价值。

第一，实践不仅是"检验真理的唯一标准"，而且往往是发现和产生真理的重要源泉。自从改革开放给予中国人一个通过创造市场价值释放生命能量的机会，新生的企业家群体就当仁不让成为其中最重要的实践者。而且，在社会转型期，这种实践不可避免地会以实践者"不入虎穴，焉得虎子""我不入地狱，谁入地狱"的决心和信心为前提。在这种情况下，不被老虎或魔鬼吃掉而能成功地活下来就不容易，如果不但活下来了，而且能越活越健康，越活越强大，越活越被这个世界认可和尊敬，

⊖　此文 2010 年 3 月 7 日首次发表于新浪博客。

那么这个人一定是在实践中较好地认识并把握了规律和真理。而他对所把握的规律和真理的适当表达，不正是当今时代最有价值、人们也最需要的思想内容吗？

第二，正是上述企业家群体与生俱来的实践性特点，决定了企业家的思想价值和表达方式带有强烈的针对性。大家都想去却都过不去的地方他过去了，人们当然就特别渴望了解他到底是怎么过去的；人们想一想、看一看就忍不住要恶心或恐惧的所在，他不但忍住了恶心，战胜了恐惧，而且面带微笑地坚守在那里，奋斗在那里，并通过自己的勇敢和智慧、心血和汗水一天天使那里变得干净、清爽、健康起来，大家当然就特别希望了解他的心路历程，了解他之所以能够不断超越自我、驾驭环境、改善世界的独家法门。这就是成功的企业家总是受到各种演讲的邀请，他们的演讲也往往比那些传播间接经验的专家学者、讲师教授更受欢迎的原因。

第三，专家、学者、思想家通常以发现规律、揭示真理为终极追求和最高目标，至于这些真理怎样才能给眼下的世界带来

说给读者

企业家群体作为改革开放 40 多年来进步最快的群体之一，他们的思想力无疑也是升级幅度最大的。如果说"实践出真知"是普遍规律的话，我们是否在书本上获得的只是知识，在实践中收获的才是智慧？您认可企业家带给这个社会的思想价值吗？您提升自己的认知和智慧的主要方式是什么？

实实在在的价值，人们对某些"可怕的"真理有没有足够的心理承受力，往往不是他们考量的重点。企业家则不同。九死一生、勇往直前的商业实践使他们有机会认识和把握各种规律和真理，而必须对企业的生存发展负责、必须对好的结果负责的天职，决定了他们表达和呈现这些规律和真理的方式的高度建设性。如果说思想家为了呈现真理有时不惜让现实甚至自己"蒙难"的话，企业家则必须通过让自己的企业更好地活着来证明真理的价值。

在此我突发奇想：希望成功企业家中最有思想力的企业家成为决策者们最重要的老师之一，以期让企业家们的思想为我们这个国家、这个时代发挥更大价值。

谁是狂客^㊀

最近，正和岛要推出一个活动："狂客驿站——寻找 21 世纪的创新榜样"。名字好像有点怪怪的，"狂客驿站"，为什么叫"狂客"？

"狂客者"，"狂而克"之谓也。《尚书》中有云，"唯圣罔念作狂，唯狂克念作圣"，也就是说圣人和狂人是可以相互转化的，只有修炼出理性克制的大狂和狂放不羁的大克才是圣王之道。正如《大学》中所谓"是故君子无所不用其极"也！

商业生活中真正的"狂客"，往往会显其一面而隐其另一面，因而带有一定的"欺骗性"。我们会看到一些企业家激情、狂野、梦想永远大于条件的一面，也会看到另一些企业家稳健、内敛、不见兔子不撒鹰的一面。岂不知，前者如果没有惊人的"刹车"和"制动"能力早已无数次落下悬崖，后者倘若没有强大的"油门"和动力系统也绝无机会笑傲江湖、各领风骚。举凡大的成功者，我们看到的他有多"狂"，我们没看到的他就有多"克"；我们看到的他有多"克"，我们没看到的他就有多"狂"，"狂而克"一定在他身上达到了一种内在的平衡和统一，鲜有例外。

㊀ 此文首次发表于《决策参考》2014 年 4 月总第 23 期。

"狂客"，无疑是人群中比较"难养"的一类。国人经常感叹中国为什么出不了乔布斯、马斯克，是基因问题还是土壤问题？我们都知道个性与创造性是一体两面、无法分离的，又怎能追求一个湮灭个性而又创造力喷涌的局面呢？您是"狂客"的性格吗？您希望中国涌现出更多的"狂客"吗？

在文学世界中，最早的"狂客"当属诗仙李白："狂客落魄尚如此，何况壮士当群雄""镜湖流水漾清波，狂客归舟逸兴多""一州笑我为狂客，少年往往来相讥"。杜甫《寄李十二白二十韵》中有"昔年有狂客，号尔谪仙人"之说。另，贺知章干脆就自号"四明狂客"，后来狂士苏轼有诗《书王晋卿画（四明狂客）》云："狂客思归便归去，更求敕赐枉天真。"当然，彼"狂客"不是此"狂客"，文学、艺术乃至思想领域的"狂客"侧重在"狂"，完全可以奇、绝、偏、险、深俏立于世，自有另一种独特的平衡逻辑。我们重新定义的互联网时代的"狂客"，"狂"无大异，"客"则一音两用，既有"极客"风骨，更含克制之义，遂成一派。

正和岛"狂客驿站——寻找21世纪的创新榜样"评选活动，面向的不仅是刚刚上路、创业创新的"新新人类"，更有已取得阶段性成功，敢于并善于持续学习、转型创新的企业家。因为现在大家看得越来越清楚了，移动互联网时代，新的"打劫"和"颠覆"势力层出不穷，不管你昨天多么成功、今天多么强大，只要停下学习与创新的脚步，明天的路随时可能被断掉。一劳永逸、一旦有所成就就可以吃老本的时代已经一去不复返了！

狂与克，圣与罔。庄子还有一种表达是"猖狂妄行，乃蹈乎大方"。刘熙载也曾在《艺概》中问道："凡物险者易颠，非具有大力，奚以固之？"可见猖狂与大方并非绝对不兼容，只是非大力不能固也。什么人才有此"大力"呢？非狂客莫属也。安迪·格鲁夫曾说"只有偏执狂才能生存"；当下，是中国的"狂客"集体出场的时候了。

必须申明，关于"狂而克"的理念和典籍，几乎完全出自我的好友、企业家出身而半途痴迷于研究学问的吴雪君先生。他自命的天职之一是"重新出土孔子"，够"狂"的吧？他同时也是正和岛"狂客驿站"活动的高级顾问，让我们一起感谢他。

闲者为上^㊀

几个朋友聊天，著名策划家赵强先生谈到南方某企业家着意为之的一种人才结构，即所谓"闲者为上，能者为中，工者为下，智者为侧"，细品之，颇值玩味，尤其是那个"闲者为上"。

"闲者为上"，窃以为并非"闲者"可以"为上"或因其"闲"故可"为上"，而应把这几个字倒过来理解——"为上者闲"或者"为上须闲"。"上"者，决策者之谓也。大企业的决策者为什么"闲"，甚至还应该"闲"，必须"闲"呢？对决策者来说，最重要的事情莫过"点头"与"摇头"，即决定做正确的事情，其他人则负责把决定了的事情做正确。因此，如果说"能者"与"工者"更多的应该是忙着做事，忙着务实的话，决策者更多需要的则是务虚，是"闲"，是从烦琐事务中跳出来，从而把注意力集中在企业的发展战略和屈指可数的几件大事上。因此，决策者的"闲"大多并非真"闲"，而是由工作性质决定的另一种忙法。比如哈尔滨东方集团董事局主席兼总裁张宏伟，为了真正对股民和企业负起责任，他一年中待在哈尔滨的时间连一半都不到，北京、香港、日本、美国、南非等，满世界穿梭，虽然也像游客一样坐飞机，住宾馆，潇洒

㊀　此文首次发表于《中国企业家》1998 年 3 月刊卷首语。

出入，可看看他的日程表就知道了，那些重要的商务考察、国际会议、高级会谈，几乎无一是可以被替代的。也正是在此过程中，他更准确地把握了时代脉搏，保证了身后庞大的企业集团正确的发展方向。

当然，任何成功的企业家都是从脚踏实地、具体而微的"忙"开始的，直到忙出了一个好班子、一套好机制、一支好队伍，整个企业进入了良性循环的发展轨道，他才开始有了超脱出来做"闲者"的资格。素闻深圳万科集团的老总王石是个拿得起、放得下的"闲者"，有一次在京郊看到他带一群部属与国家登山协会的朋友去登山，遂请教他之所以成为"闲者"的奥秘。王石指着自己的几员大将笑道：他们很能干，我也很能干，我要是抢着把活干了，弄得他们没事干，岂不是受累不讨好？

这虽是笑谈，却也给我们的企业家们一个启示：在企业界当今这个兵多将少、帅才奇缺的时代，为帅之道绝非与属下比技术，而是比远见、胆识与胸怀。"闲者"之道，胸怀有多大，境界有多高，就有可能成就多么宏伟的事业。

说给读者

同样是忙，忙在手大家都看得见，忙在脑好像就"闲"多了，忙在心则似乎彻底"闲"了下来，只要"闲"对了，好像就自然而然，各方面都对了，结果都越来越好了。这当然需要认真创造条件，也需要很高的智慧和境界。您希望有朝一日成为一个"闲者"吗？您身边有这样的"闲者"吗？

先做先生，后做学生^一

做企业的过程、做人的过程，从一定意义上说就是做学生的过程。"吾生也有涯，而知也无涯"，想要成就点事业的人难免"活到老学到老"，学习的任务应该是终生的。然而，同样是做学生，目标不同、需求不同、动力不同，学生的做法就不同，层次也不同。比如过去有一种说法叫"先做学生，后做先生"，或者说"要做先生，先做学生"，应该说这个逻辑对每个人都是适用的。因为你不做学生，或者不做一个出色的学生，不把先生教的东西学好、吃透，你就不可能有朝一日成为先生。这个逻辑的问题在于，它可能诱导人们把"后当先生"作为最终目的去追求，一旦当了先生，就一劳永逸了，就永远是先生，不必再做学生了。如果说在校园里这个逻辑还勉强说得通的话，在社会经济生活中，尤其是在企业家的意识里，这样的逻辑终点不但是有害的，而且可能带来十分可怕的后果。试想，全国成千上万大大小小的企业家，凡是成功把企业运转起来的，哪个未经历"先做学生，后做先生"的过程？正是这些历尽艰辛、积累了一大堆经验教训的先生们肩负起了经营管理企业，为社会创造财富的重任。但是，在本企业做了先生，并不意味着在企业的

此文 2001 年 3 月首次发表于《中国企业家》。

经营管理方面你就真的成了先生，不再需要学习、进步了。它可能更多地意味着你原来只是一个"小学生"，现在可以升级变成一个"中学生"了；或者原来是个"中学生"现在可以"升级"变成大学生、研究生了。不同的是，在学校里升级，学生们是背出来、学出来、考出来的，在社会上"升级"，"学生们"则是干出来、练出来、真刀实枪地在竞争中比出来的；相同的是，在学校里大学教授永远不会浪费时间给小学生上课，在社会上"小学生"也同样难以得到"博导""硕导"们的垂青。作为一个企业家，如果他满足于在较低层次上成为先生，而不愿意到一个更高的层次上做学生，那就意味着他老了，老到了失去学习能力和学习热情的程度。不言而喻，他所领导的企业也就危险了。

从"先做学生，后做先生"到"做了先生，再做学生"，前者做学生是手段，做先生是目的；后者做先生是手段，做学生是目的。对一个志存高远的企业家来说，做先生是暂时的、可变的，做学生则是永远的、不变的。企业经营得越好，掌握的

说给读者

　　做了先生，再做学生，而且越重要的先生，越需要成为更好的学生，这实在是一个重要的法门。我曾经说过一句话："活到老学到老不厉害，学到老长到老才厉害。"为什么这么说？因为学是手段，长才是目的；就因为做了先生需要对更大的成长负责，所以需要更加认真努力地做一个好学生。您是否已经学成了先生？您做好升级为高级班学生的准备了吗？

资源越多，前面的发展空间越大，愿意来给他"上课"的"博导"、高人就越多，他所面对的新的重要信息与机会也越多，这就需要他不断地学习，不断地提高自己的判断力，不断实现自我超越与提升。因此，从一定意义上说，成功的、心态健康的企业家就应该安于并乐于做一个时刻保持清醒头脑、笑迎八方，在重大问题上很少做错误判断的幸福的"小学生"。什么时候只想做"老师"，不想做"学生"了，他的企业家生涯也就该告一段落了。

给大家推荐"一张纸"^一

一友人过来传授修习阳明之学的心得，详解知行合一为什么应该是知行本一，天人合一为什么应该是天人本一，心物合一为什么应该是心物本一。临别留给我一纸文字，就是王阳明先生的《告谕浰头巢贼》，让我每天至少读一遍，深切体认一下，为什么千言短文堪匹十万雄兵。

不看不知道，一看真的吓一跳。细读了这篇文字，始信"只要学问纯熟，心静如水，良知清澈，自能临事不乱，应变无穷"这句话字字是真。

"真传一张纸，假传万卷书。"在此，我郑重向大家推荐阳明先生的这张"纸"。只要用心品读，相信不但会常读常新，还定能唤醒、激活沉睡于我们内心的巨大能量。

每天读一遍，现在就开始吧！顺便说一句，缔造了两个世界500强企业的稻盛和夫先生自谓，他真正的思想宝藏和精神源泉正是阳明心学。

○ 此文首次发表于《决策参考》2013 年 10 月总第 18 期。

告谕浰头巢贼

　　本院巡抚是方，专以弭盗安民为职。莅任之始，即闻尔等积年流劫乡村，杀害良善，民之被害来告者，月无虚日。本欲即调大兵剿除尔等，随往福建督征漳寇，意待回军之日剿荡巢穴。后因漳寇即平，纪验斩获功次七千六百有余。审知当时倡恶之贼不过四五十人，党恶之徒不过四千余众，其余多系一时被胁，不觉惨然兴哀。因念尔等巢穴之内，亦岂无胁从之人？况闻尔等亦多大家子弟，其间固有识达事势，颇知义理者。自吾至此，未尝遣一人抚谕尔等，岂可遽尔兴师剪灭？是亦近于不教而杀，异日吾终有憾于心。故今特遣人告谕尔等，勿自谓兵力之强，更有兵力强者，勿自谓巢穴之险，更有巢穴险者，今皆悉已诛灭无存。尔等岂不闻见？

　　夫人情之所共耻者，莫过于身被为盗贼之名；人心之所共愤者，莫甚于身遭劫掠之苦。今使有人骂尔等为盗，尔必怫然而怒。尔等岂可心恶其名而身蹈其实？又使有人焚尔室庐，劫尔财货，掠尔妻女，尔必怀恨切骨，宁死必报。尔等以是加人，人其有不怨者乎？人同此心，尔宁独不知？乃必欲为此，其间想亦有不得已者，或是为官府所迫，或是为大户所侵，一时错起念头，误入其中，后遂不敢出。此等苦情，亦甚可悯。然亦皆由尔等悔悟不切。尔等当初去从贼时，乃是生人寻死路，尚且要去便去；今欲改行从善，乃是死人求生路，乃反不敢，何也？若尔等肯如当初去从贼时，拼死出来，求要改行从善，我官府岂有必要杀汝之理？尔等久习恶毒，忍于杀人，心多猜疑。岂知我上人之心，无故杀一鸡犬尚且不忍，况于人命关天，若轻易杀之，冥冥之中，断有还报，

殃祸及于子孙，何苦而必欲为此。我每为
尔等思念及此，辄至于终夜不能安寝，亦
无非欲为尔等寻一生路。惟是尔等冥顽不
化，然后不得已而兴兵，此则非我杀之，
乃天杀之也。今谓我全无杀尔之心，亦是
诳尔；若谓我必欲杀尔，又非吾之本心。
尔等今虽从恶，其始同是朝廷赤子。譬如
一父母同生十子，八人为善，二人背逆，
要害八人；父母之心须除去二人，然后八
人得以安生。均之为子，父母之心，何故
必欲偏杀二子？不得已也。吾于尔等，亦
正如此。若此二子者一旦悔恶迁善，号泣
投诚，为父母者亦必哀悯而收之。何者？
不忍杀其子者，乃父母之本心也。今得遂
其本心，何喜何幸如之！吾于尔等，亦正
如此。

　　闻尔等辛苦为贼，所得苦亦不多，其
间尚有衣食不充者。何不以尔为贼之勤苦
精力，而用之于耕农，运之于商贾，可以
坐致饶富而安享逸乐，放心纵意，游观城
市之中，优游田野之内。岂如今日，担惊
受怕，出则畏官避仇，入则防诛惧剿，潜
形遁迹，忧苦终身，卒之身灭家破，妻子

　　本人为什么这么认真
地给大家推荐王阳明先生的
"一张纸"？用心体会过你
就知道了。甚至通过这一张
纸，你就能理解为什么有人
把阳明先生称为中国"两个
半圣人"之一，认为他是古
今中外内圣外王的典范。这
篇文字与其说是阳明先生对
浰头巢贼的"劝降书"，不
如说是一封"放生信"，阳
明先生真的是以父母之心千
方百计要救这些必死儿女于
水火之中啊！心生万法的法
门，应该就是爱与智慧吧！
您能理解阳明先生当年的做
法吗？认真品读阳明先生的
心法，您觉得对今天的我们
最大的价值是什么？

戮辱，亦有何好？尔等好自思量，若能听吾言，改行从善，吾即视尔为良民，抚尔如赤子，更不追咎尔等既往之罪。如叶芳、梅南春、王受、谢钺辈，吾今只与良民一概看待，尔等岂不闻知？尔等若习性已成，难更改动，亦由尔等任意为之。吾南调两广之狼达，西调湖、湘之土兵，亲率大军围尔巢穴，一年不尽至于两年，两年不尽至于三年。尔之财力有限，吾之兵粮无穷，纵尔等皆为有翼之虎，谅亦不能逃于天地之外。

呜呼！吾岂好杀尔等哉？尔等若必欲害吾良民，使吾民寒无衣，饥无食，居无庐，耕无牛，父母死亡，妻子离散。吾欲使吾民避尔，则田业被尔等所侵夺，已无可避之地；欲使吾民贿尔，则家资为尔等所掳掠，已无可贿之财。就使尔等今为我谋，亦必须尽杀尔等而后可。吾今特遣人抚谕尔等，赐尔等牛酒银钱布匹，与尔妻子，其余人多，不能通及，各与晓谕一道。尔等好自为谋。吾言已无不尽，吾心已无不尽。如此而尔等不听，非我负尔，乃尔负我，我则可以无憾矣。呜呼！民吾同胞，尔等皆吾赤子，吾终不能抚恤尔等而至于杀尔，痛哉痛哉！兴言至此，不觉泪下。

一本泄露"天机"的宝书[⊖]

很荣幸有机会成为《干法》一书最早的中国读者之一。这本书作为"日本经营之圣"稻盛和夫先生的新著、《活法》一书的姊妹篇,在日本一经推出就成为新的超级畅销书,月销量高达 20 万册。

说实话,看完全书,对于它会迅速在日本成为超级畅销书多少感到有些奇怪。为什么呢?因为虽然稻盛先生现身说法,通过自己的亲身实践和成长历程告诉读者工作的意义,尤其是告诉大家在工作和创造中找到成功与幸福的方法和路径,但是毕竟稻盛先生本人对工作的态度太过认真,太过严苛了。我担心很多人看后不但可能会觉得自己做不到,甚至会有人知难而退,直接就放弃尝试了。而反过来,既然这本书能有这么高的呼应度,受到读者这么大的追捧,除了稻盛先生巨大的"粉丝效应",也说明日本的年轻人还是大有希望的,这个世界还是大有希望廓清迷途、重归正道的。

⊖ 此文为中文版《干法》(2010 年版)推荐序。

在这里，我想作为一个只是匆匆把该书浏览了一遍的初读者（之所以这么说，是因为该书的中文版正式出版后我会和我的同事们反复研读，不断从中汲取智慧和能量），与大家分享一下我对该书的三点评价。

第一，这是一本不合时宜的书。诚如稻盛先生所说，现在年轻人当中"有一种明显的倾向在滋长"，那就是厌恶工作，逃避责任，甚至会对积极工作的人予以嘲笑，人们越来越追求轻松挣钱最好是不劳而获，及时行乐哪怕是得过且过的生活状态了。在这种时候苦口婆心地引导大家去热爱劳动、拼命工作，不是有些不合时宜吗？

第二，这是一本切中时弊的书。人类不犯错误是不可能的，世界不出问题也是不可能的，但真正可怕的并非犯错误和出问题，而是这种错误受到鼓励，这些问题被视为理所当然。代表人类未来的年轻人的工作观、劳动观与价值观出问题，甚至出现比较大的问题，这是可以被视为理所当然、轻轻放过的吗？如果是，这本书就真正只有"不合时宜"、惹人生厌而已了。如果不能被轻轻放过，而是必须被高度重视，认真解决的话，这本书就无疑是切中时弊、击人猛醒的警世之作了。因为很显然，年轻人讨厌劳动、憎恶工作的倾向倘若得不到扭转，这个世界将变得越来越危险，越来越不可持续。

第三，这是一本泄露"天机"的书。以"不合时宜"的方式"切中时弊"之后，剩下的就是要开出对症的"药方"，拿出切实可行的解决方案了。表面看，稻盛先生开出的"药方"虽好，但是这个"药方"好像只对一部分人，甚至只对一小部分人管用，这一小部分人，就是那些可能像稻盛先生一样疯狂地投入工作，愿意用追求"完美主义"的偏执为"高目标""持续付出不亚于任何人的努力"的人。事实上，比这一小部分人更需要这本书的，还是绝大多数至今尚未明白认真工作对自己到底意味着什么的人。对于前者，看过此书只是进一步增强了信心和动力而已，因为他们本身就是这样想，也是不同程度这样做着的；对于后者，如果看懂并能善用这本书，则可能完全改变他们的命运。因为在这本书里，稻盛先生带给大家的不仅是他本人行之有效的"干法"，更有他在干的过程中发现的"天机"。就好比面对上帝给出的人生考题，稻盛先生通过这本书不但告诉了大家他自己考取最高分的方式和方法，而且把他在努力过程中发现的基本规律和"标准答案"也一并透露给了大家。

真有这么"神"吗？确实很"神"。尤其对于有心人，《干法》一书里可以说处处藏有"天机"。因为"天机"是"不可泄露"的，所以我在这里只能给大家提供一些线索。比如说，很多人只是把工作当"饭碗"，是不得已而为之的，《干法》则告诉我们，只把工作当"饭碗"，这个饭碗就会越来越"破"；如果不顾一切地爱上工作，不但工作会变成一只"金饭碗"，而且这只"金饭碗"会盛满成功、盛满幸福、盛满健康的生活态度，源源不断地回馈给你。再比如，很多人工作不认真、不努力，事情干不好、人生不如意还总是怨东怨西、怨天怨地，不知道反省自己，《干法》则告诉我们，"神"是可以被感动的，一个人只要把自己用足了，用到了极限，"神"往往就会出来帮忙，很多奇迹都是这样出现的。

还有特别重要也是我特别想提醒朋友们注意的一条，就是《干法》

虽说天机不可泄露，但其实人类的圣贤是专门来向众生泄露"天机"的，因为他们的使命就是"救人"。可惜的是大部分人都还没有准备好，或是没有能力、没有缘分接到这些"天机"，并让它们变成对自己人生的"救赎"。您看过稻盛和夫先生的《活法》与《干法》吗？您认为稻盛哲学对自己的工作与生活有多大价值和意义？

一书带给这个世界的最大价值，其实就是真切、深刻地揭示了工作的意义。从一定程度上说，人类生活、生命的意义都是由工作及其创造的意义所支撑的，真正理解了工作的意义，也就掌握了理解整个人生意义的"金钥匙"。掌握了这把"金钥匙"，我们就不难建立积极、健康的工作态度、人生态度，即使自己不能像稻盛先生那样全身心地投入工作、热爱工作，至少我们会以"虽不能至，心向往之"的姿态对人类的英雄们报以深深的敬意，同时会以"一分耕耘，一分收获"的理性和从容笑对人生，付出自己应有的努力。

认真品读《干法》，但愿朋友们能从稻盛先生的大作中领悟到更多的"天机"。

变化是让我们不要提前老去的机会[⊖]

老辣的童心

全国的企业家在正和岛上要修炼什么呢？要修炼一颗老辣的童心，大家看见罗杰斯先生时能不能看到他的一颗童心呢？从他的眼神、他的面部表情，他的身体语言、他整个人的姿态可以看出，他是有一颗童心的。

有童心，有好奇心，就有很大的幸福感。

每年两会期间，正和岛都有一个两会沙龙。今年正和岛的两会沙龙起了一个题目叫作"2016 我们相信什么"，这也是正和岛倡导的全年主题，让每个人想一想"我相信什么"。正和岛的企业家相信什么？全国的企业家相信什么？

你相信什么，就会付出什么样的努力，就会得到什么样的结果。如果都相信天要塌了，天肯定要塌；如果都相信自己的努力可以让世界变得更美好，这个世界一定会越来越美好。

罗杰斯先生为什么有一颗童心呢？从年龄上来看，他可能是大部分人的长辈，但是他的心比大部分人都年轻，因为他发自内心地相信他内

⊖ 此文源于 2016 年 4 月 2 日"罗杰斯对话正和岛暨正和岛苏中联盟成立仪式"报道。

心看到的东西。

他曾经说过 19 世纪是英国世纪，20 世纪是美国世纪，21 世纪是中国世纪。中国有那么多问题，那么多困难，但是罗杰斯不怕，什么都挡不住趋势。大家可能以为这是客气话，以为他是到哪个山头唱哪个歌。

大家想想是不是说的客气话呢？看看他的两个女儿普通话的熟练度，包括他说让他的朋友学普通话，因为他发自内心地认为普通话会成为 21 世纪最重要的语言、最有价值的语言。

忽悠还是梦想

他不是忽悠大家。

什么叫忽悠呢？你自己说的话你自己不相信，想让别人相信，那叫忽悠。如果你自己说的话，哪怕这个话再大，你比谁都相信，那就不叫忽悠，那叫眼光，那叫梦想，那叫雄心，那叫使命。

罗杰斯先生在这儿不是忽悠大家，他是真相信，而且他是真在做，他两个金发碧眼的女儿说普通话，我觉得比我们很多中国人，甚至可能比我们在座各位的孩子说得还好。

我有一次跟一个外国朋友聊天，他问我们交流还需要语言吗？有一些交流真的语言不是最重要的，因为语言也经常成为彼此欺骗的陷阱，但是眼神包含着的不能通过语言表达的很多东西，恰恰是最真实的。

我觉得罗杰斯先生是一个榜样。我们相信什么？如果真的相信，就认真地去做，这样又简单又高效，离成功又近，而且这种成功才能承载我经常说的内在的尊严和外在的尊敬。

拥抱艰难的黄金时代

两个月前他到我在北京的办公室，说起未来的中国经济，让我很感动。他的一些判断跟我是一致的。比如，说到中国的未来，确实有各种各样的问题，为什么我们正和岛 2016 全年的主题是"我相信"，相信什么呢？大家很多东西都不愿意相信，或者愿意相信的很多东西都是一些负面的、怀疑的、动摇的，说"我还要不要干，我要不要放弃，我还要不要在中国待下来"，如果都在谈最悲观的论调，中国的发展怎么能好呢？

很多年前我就说过一句话，中国大运初起。改革开放 30 多年，大运初起，党的十八届三中全会之后，我在我们的《决策参考》上写了一篇文章，叫作"拥抱艰难的黄金时代"。

党的十八大之后，一个更大的黄金时代正在全面到来，但是并不容易，企业家们任重道远。我经常跟一些优秀的企业家说，不难要你来干吗，不难要咱干吗？不难能分出什么叫英雄，什么叫狗熊吗？关键是穿越了这些问题、艰难之后，前面是什么东西在等着我们，这才是最重要的。

如果船都快沉了，就别再花时间争头等舱了

2016 年我们相信什么？建国兄（汪建国）本人就是一个转型创新的榜样。最初做五星电器，一家零售连锁集团，本来就已经做到了全国前三，做得很好。但是在最好的时候他转身了，为什么呢？因为他看到了未来。那么我们相信什么？一个是要回归我们的内心，一旦把心弄丢了，这人就完了，外在再成功，说难听点儿不就是一个"豪华的"行尸走肉吗？因为把心弄丢了，成功都是外在的，带不来幸福感和意义感。

我们要回归自己的内心，我们要知道自己最热爱什么，夜深人静的

时候，我们内心深处呼唤的是什么。先要把这一点弄明白，之后再看看这个世界，世界的动向和潮流是什么，把这个世界对我们的需要、潮流的方向弄明白，跟我们的内心联结起来。这就是每个人在这个世界上应有的价值和定位。

我 20 岁大学毕业就做传统媒体，先做报纸后做杂志，做各种论坛。走着走着，我发现我们的业态不行了，就连全球的榜样、全球的老师也老了。我很多年前说过一句挺狠的话，我说船都快沉了，我们还在那儿争头等舱，有意义吗？

建国兄提到，外行颠覆内行。我们自己很自信，天天在那儿看谁应该坐头等舱，没有意识到我们的船都快沉了，天天在那儿比我们这个舰队谁应该第一，谁应该第二，谁应该第三，但是不知道未来面对的是冰山，实际上已经没有未来了。

心一转海阔天空

我们要校正一下方向看看，往哪儿走、怎么走才有未来。刚才建国兄说，转型一个是看未来，一个是转这颗心。心一转，海阔天空。比如说，如果我还在做过去的那点事，也挺好，在行业内 40 多岁就已经算是功成名就，可以享受生活了，但是等于提前老去。

按照现在供给侧结构性改革的说法，什么意思呢？我所服务的企业家这个群体，他们的需求升级了，我们原有的产品和服务没跟上，那就该结束了。反过来说，其实中国企业现在普遍面临的不就是中国消费需求升级吗，两亿中产阶层对廉价的、乱七八糟的产品和服务不满意，他们愿意出更大的价钱，买更好的产品和服务，需求尚未被满足，才产生了这么多机会。

互联网带来共享经济的模式。那么如何用好互联网，让我们的产品和服务更好地升级？如果你消极被动地看，这些变化全是要你命的。如果你想老去，不想进步，那你就终结在这儿了。

我经常说季节变了，秋天来了，而你坚决只做一只知了，做一只蚂蚱，你不死怎么办呢？一只鸟都能过冬，但是知了肯定过不了冬，蚂蚱肯定过不了冬。所有这些变化，消费升级、移动互联网带来的整个业态的升级创新，包括新政商关系，其实给我们带来的全是机会，让我们不要提前老去的机会。刚才我说，如果只做原来那点事，我现在就可以退休了，什么意思？老了，这个世界不再需要我了。但是一进正和岛突然发现，有太多的事。企业家的需求，越来越多的需求，千呼万唤地让你成长，让你年轻。

一大玩法两大战略

（1）企业家大数据，标签化玩法

现在跟大家提前透露一下正和岛的核心玩法。是什么呢？我们要用标签重新定义这个世界，首先重新定义商业世界，用标签给每一位企业家画像。

想象一下，一个人用 10 个标签把自己给描述出来，让大家一看这些标签，甚至一看 3 个标签就知道是他，肯定不是别人。

而我们要用几十、几百甚至上千个标签把每位企业家描述出来，从粗颗粒到细颗粒，通过企业家的标签游戏，让中国的企业家乃至于全球的企业家相互之间最高效、精准地彼此找到自己最需要谁，以及谁最需要自己。我们正在做这件事。

（2）国际化战略

2016 年，正和岛有两大战略，其中一个是国际化战略，2016 年是正和岛的国际业务元年。

现在中国企业走出去和外国企业走进来，不再是个别现象，已经是普遍的双向运动。中国企业家不管是投资合作还是理财，都是在全球布局。正和岛上现在有 5000 多位企业家，如何把大家走出去投资合作的这种意愿和需求集中起来，同时把国外的相应需求对接进来？岛邻可能都知道，我们和意大利总理有一个约定，中意企业家结对子，今年是1000 对，明年是 3000 对，后年是 1 万对。从了解、信任、学习到合作，不仅和意大利，还有美国、新加坡等。

我前年去新加坡的时候，和李显龙总理以及新加坡工商联合总会的会长有过交流。新加坡 1 万多家企业，都在新加坡工商联合总会的平台上。如果正和岛跟新加坡工商联合总会对接，新加坡的企业家跟中国的企业家就建立起联系了。这已经是一个普遍性的潮流和趋势。

中国企业确实也需要抱团走出去。现在中国企业走出去，任重而道远。国外的企业和市场往往通过中国的产品和服务认识中国企业和企业家，我们希望正和岛代表一种健康向上的企业家力量，无论走到哪儿，都要造福到那个市场，以这样的价值取向和能力走向全球，进行互利共赢的合作。

（3）开放战略

在座的岛亲知道，正和岛的岛邻中高级别的客户现在是 5000 多人，服务覆盖 100 多万位企业家。而我们的开放战略是要打造一个为千万企业家服务的移动互联平台，以封闭带开放，以开放促封闭，开放与封闭形成一个正循环。

不过，现在的岛亲不用担心，并不是说正和岛开放了，大家一拥而入，我们的岛亲和非岛亲分不出来了，不是的。我们是想让岛亲享有更大的价值、更高的尊崇感、更好的参与感等。

所谓开放是正和岛除了为岛亲提供越来越精细化的产品，还为从创业者到成长型企业家，到成熟型企业家，再到领袖型企业家，为所有的企业家提供服务。而岛亲在这个平台上享受更多的特权，因为你们是被严格认证过的，信任级别是最高的。

正和岛实际上是把能人、把最负责任的人聚在一起，通过为他们服务，让他们越来越成功，越来越健康，成为整个商界的榜样，带动整个商业越来越健康，越来越安全，也让整个世界变得越来越健康，越来越美好。

说给读者

这是本人在与美国著名投资家罗杰斯对话现场的即兴发言。尽管很多事情已经时过境迁，但当年的一些思考和判断对今天依然有参考价值。您是如何立足现实洞察未来的？当现实与原来的预判存在距离时，您是如何把握动态平衡的？

- 罕见的原则性与罕见的包容力融为一体，极端的专注力和极端的健全性集于一身，是我所见到的能走远路、成大事者的共同特质。

- 伟大成功者的三大特点：一是善于发现事物的本质和必然逻辑，表现为他们通常是先在内心成功，然后排除万难把内心的成功一步步呈现给外部的世界；二是在价值观和做人原则上具有高度稳定性，绝不会前后矛盾、变来变去；三是说到的一定会尽全力去做到，言必信，行必果。

- 预测未来的最好方式是创造未来，创造未来的最好方式是找到对的人并提前分配未来。

- 所谓"忽悠"，就是想让别人相信自己都不相信的东西；所谓"雄心"，就是看到了别人看不到的未来，并有坚定的把这个未来变成现实的决心。

- 偶然，就是两个或多个必然的相撞。要避免偶然事件的发生，最好的方式就是尽可能多地了解那些离你最近的若干必然的动向。

- 我们可能要注意避免两种倾向：一种是愚公式的固执，一种是智叟式的精明。固执如愚公者往往排斥一切新事物、新思路、新方法，现代手段不用，全球视野没有，一条道走到黑，到头来山未挖平，人已吐血；精明如智叟者则苦活不干，累活不沾，每思一夜暴富，常盼金砖砸头，最后是聪明反被聪明误，算计一生，一事无成。理想的境界应该是，执着如愚公做事能脚踏实地，机敏若智叟信息能四通八达，两种品质，集于一身。

- 发现新的规律和真理固然重要，尊重和恪守已经发现的规律和真理则更重要。因为我们今天所犯的绝大部分错误，都是我们忽略、远离或背叛那些基本的规律、真理乃至常识造成的。

- 绝大多数人只相信已被证明的东西，极少数人能看到将被证明的东西；绝大多数人只信服今天已经成功的人，极少数人善于帮助明天必将成功的人。

- 有时候我们遭遇幸与不幸，其实未必有任何合理的理由，只是因为我们恰好在某个特定的时间出现在某个特定的地点而已，就像我们碰巧踩死过无数只蚂蚁和碰巧喂养过无数只蚊子一样。因此，努力固然重要，但关键时刻能够做出对的选择，尤其是知道什么时候应对好什么样的变化更重要。

- 不管阻挡你的障碍物有多高，只要你善于错开角度或保持适当距离，它就挡不住你应该看到的阳光。

- 善下寂寞功夫，在外人看不到的地方创造出世界越来越需要自己的理由，是所有成功者的不二法门。

- 凡是有价值的东西总要经得起检验，有的能经得起一时的检验，有的还能经得起未来的检验。但这个"未来的价值"有时很害人，因为很多害怕现实的人就是打着这样的幌子来回避现实的。岂不知，越是长远的价值创造越需要在更大程度上直面现实，吃透现实乃至掌控现实。

- 在离开《中国企业家》创办正和岛的时候，我回过头来总结自己的人生，用了一个词，叫"暗合道妙"。但是，如果你觉得自己前面付出太多了，太透支了，后面搭平台，让大家去做就行了。当你用最难的事去要求外面的"英雄"，当你把最苦的事交给内部的团队，当你想让自己站在旁边成为例外的时候，其实你就已经开始"暗失道妙"了。

内圣

外王

内圣外王，西方相近的表达是"道成肉身"。简单说，内圣就是你内心的纯洁度，外王就是外在的掌控度。中国人修炼的最高境界是"内圣外王"，即"是非与成败在践行中的合一"。

"道成肉身"之道[⊖]

"圆满闭幕"与"精彩落幕"，分别是两大门户网站新浪与搜狐在对中国企业领袖年会进行全景追踪后总结式报道的栏目标题。会中和会后，不断有经常出席中外各种重要会议的企业领袖和学者对我们表示由衷的祝贺和鼓励："没想到年会开得这样成功，《中国企业家》做事情就是不一样""这是我参加过的国内（面向企业家的）最成功、最有收获的大会""真没想到在一次会议上可以见到这么多重量级的人物，而且都是有备而来"……

积累了许多年，筹备了5个月，我们自己对这届年会满意吗？借用张瑞敏在年会演讲中的一句话，"帮助用户成功就是我们自己的成功"，与会代表满意的笑容就是我们最大的欣慰。但与此同时，我们深知这届年会只是一个还算不错的开始，正因为是开始，所以与会代表和嘉宾才没敢对我们抱有太高的期望；正因为期望不是很高，所以才会有一些意外的惊喜，才会给予年会各种各样这么高的评价。我们也深知，作为读者，企业家是这个社会上最挑剔、最难伺候的人群；作为与会代表，他们将会更加挑剔和更难伺候，因为他们出于对我们的信任把他们看得最

⊖　此文首次发表于《中国企业家》2003 年 1 月第 1 期。

重的宝贵的时间交给我们去安排了，把他们一部分的生命托付给我们了，那么，我们能否把他们的这些宝贵时间安排得比他们自己，比那些天天研究他们的需求、处心积虑要满足他们的需求的其他机构更充实、更精彩也更有价值？应该说，这既是我们的压力所在，也是我们的动力所在、信心所在。因为我们太了解企业家，太熟悉这个群体，也太理解这个群体了。

比如说，谁都知道企业家是求真务实的实干家，是最讨厌空谈、最讨厌坐而论道的，我们为什么不老老实实办杂志，反而投入巨大的精力和资源去专门搭一个让企业家们坐而论道的平台，而且还期望把这个平台越搭越大，把这个年会越办越火呢？

很简单，在别人眼里，企业家可能是一个个日理万机、疲于奔命，为挣钱和各种俗务所累的"肉身"；而在我们看来，每一个创业者、企业家，更不用说已经取得巨大成就的企业领袖，他们的"肉身"只不过是"道"的载体，是他们使命和梦想的载体。企业家创业的过程，也就是他们

什么叫"灵肉合一"？什么叫行尸走肉？什么又是本人所谓的"豪华的"行尸走肉？在您看来，"道成肉身"这个词是否有点故作高深了？您怎么理解自己的生活、生命与道以及与灵魂的关系？

"道成肉身"的过程；他们想要追求的成功越大，就需要越多的人相信这个道，理解这个道，需要越多的人成为这个道的"肉身"。而这个"道"之所以能被众多的"肉身"所接受、所推崇、所遵奉，又一定是因为这个"道"合乎"肉身"的需要，"道""肉"是能够合一的。因此，如果说到"坐而论道"的价值，别人可能论完就完了，这个"道"对不对无所谓；而对企业家们来说关系就大了，"道"对了可以成"肉身"，而且可以不断地成更多的"肉身"，"道"不对则可能被"肉身"所拒绝、所抛弃，最终导致"道肉分离"、创业失败。

如此，以"道成肉身"为使命也最善于使"道肉合一"的企业家们，怎么可能不看重真正有价值的"坐而论道"呢？

找到值得做一辈子的事[⊖]

应伦敦投资局的邀请，前不久我带一个小型企业家代表团到伦敦考察。除了正常的商务访问、交流之外，大家忙中偷闲在酒店旁的海德公园举办了一场沙龙，主题为"公司意义与生命价值"，并美其名曰"海德公园论道"。参加沙龙的十多位企业家讨论热烈，最后得出的基本共识是：公司的意义就是用商业的方式帮助社会解决问题，生命的价值则在于通过给别人带来快乐从而让自己获得更大的快乐。

什么样的企业领袖能有如此之高的境界？当我把他们的名字罗列于下的时候，还真不见得有太多的人熟悉：忠厚睿智、面带佛相的杨勇奇，妙语连珠、明心见性的李昆，敏思善行、博闻强记的董玉哲，势大力沉、不怒自威的孙平，严谨理性、格调高雅的张恩智，谦谦君子、心中有数的张恩平，世事洞明、俊逸稳健的曹晓岩，守正出奇、歪打正着的贾伟，大智若愚、憨态可掬的张全年，从容自信、进退有据的王联盟……当然，还有专门放在最后要突出一下，用聪慧和魅力征服了全团的唯一一位美女企业家胡龙雅，和几乎不懂一句英文，用眼神和本色"征服了伦敦"的冀胜利。

⊖　此文 2010 年 10 月 29 日首次发表于新浪博客。

　　他们是谁？说实话，虽然他们大部分都是《中国企业家》理事会的成员，但因为他们多为中西部的中小企业家，平时参加杂志社的活动也不多，所以之前我对他们中的大多数也并不熟悉。而这次在异国他乡为期一周的朝夕相处，我们有意用多种方式鼓励大家摘掉面具、坦露自我、张扬个性、相互欣赏，于是把一次原本可能单调、乏味的商务考察变成了丰富多彩、乐趣无穷的"八仙出游"，不但整个过程非常愉快，而且每个人都有远超预期的收获，乃至其间发生的个别不该发生的差错和意外也完全被大家包容，甚至被善意地编排为新的"笑料"。

　　我本人最大的收获是只要你真诚平等地去了解一个人，理解一个人，尊重一个人，欣赏一个人，你就会发现几乎每个人都是一座"金矿"，正如此行的"开心果"李昆所说的一句"名言"："没有谁不爱谁，只有谁不理解谁。"我最大的感动则是这样一群已经取得初步成功，仍然走在追求更大成功的道路上的企业家，他们几乎百分之百把走正道、做好人，把健康阳光的企业文化和核心价值观看成命根子。以至于我在"海德公园论道"的过程中，情不自禁为在座的每个人，为艰难跋涉的所有中国企业家感到自豪和骄傲。最后大家请我做总结时，我动情地问大家：如果我们身边来来往往的英国人知道这群来自中国的中小企业家在这里如此认真地探讨公司的意义、生命的价值，并得出这样的共识，他们会不会因此对中国的了解更多一些，理解更深一些，甚至对中国人、中国的企业家肃然起敬呢？

　　我曾经无数次地说过，企业家与学者、文人、思想者、媒体人等最大的区别是，别人只要站在旁观者、评论家的立场上，表达愿望、发现问题、释放情绪就可以了，而企业家必须战胜一切困难为他所相信的东西买单，必须不惜千辛万苦对大家希望的结果负责。因此，所有人都可以揣着手在那里指责，只有企业家必须忍辱负重地担当。那么，当那些必须对结果负责的担当者们有了越来越高的精神追求，当我们的企业家们不仅仅为利润而战，同时更愿意为意义而战的时候，不正是中国之福、世界之福吗？

用洛可可公司贾伟"论道"时的话结束这篇短文吧。他说，要想追求公司的意义，体现生命的价值，一个创业者或者企业家最好能找到值得自己做一辈子，甚至做一辈子都做不够、做一辈子都做不完的事情，因为只有找到这样的事情，你才可能最专注，做到最好，结果让客户最满意，让自己最幸福。

为企业找到值得做一辈子的事，这听起来很"奢侈"。但是你不得不承认，如果想让自己既能够承担越来越大的责任，又能够不断提升生命质量和幸福指数，这对企业家们来说确实是一个不错的主意。

马斯克有言，让一个人最幸福的有两件事：一件是找到了真心相爱的那个人，另一件是找到了真心热爱的那件事。缺少其中任何一件，都是人生的缺憾。您找到值得相爱一生的那个人了吗？您找对值得做一辈子的那件事了吗？您知道这两件事是可以互为条件、互为助力的吗？

每个人都可以创造三个历史 [⊖]

作为改革开放的产物，《中国企业家》创刊已经 25 周年，二次创业迄今也已 15 个年头了。

在一次小范围的午间工作餐期间，一位同事提出了一个近乎残忍的问题：如果没有这本杂志，这 25 年的中国社会尤其是企业界、传媒界会有什么不一样吗？换句话说，就是这 25 年，包括二次创业的这 15 年我们活得有多大价值？

只为自己活着的媒体，不活也罢，今天社会上的很多混乱就是那些只为自己而活的媒体制造出来的。从这个意义上说，《中国企业家》活得值不值，不能由我们自己说了算，而应该由我们为之服务的那些人，由中国经济舞台上那些曾经扮演或正在扮演着重要角色的人说了算。

写到这里，我突然想起几年前一位企业家（河南建业集团董事长胡葆森）曾经郑重其事地跟我说过的一段话："你千万不要小看你们这本杂志，包括你们的年会、论坛带给企业界的价值。也许你们自己活得并不容易，但很多企业却因你们的存在活得轻松了很多；作为一家传媒企业，

⊖ 此文 2010 年 9 月 27 日首次发表于新浪博客。

290

你们也许没有太大的经营规模，但我们这些企业挣的钱、创造的财富里面都包含着你们的一份功劳。"这话显然有过誉之嫌，但确实道出了我们努力的方向。在杂志社内部，我经常会跟同事们讲我的"三个历史"理论，即每个人在书写自己的历史的同时，只要你足够认真、足够出色，你就一定在同时书写着你所在单位、所在平台的历史；如果你所在的平台扮演的角色足够重要、承担的使命足够光荣，你通过撑起自己所在平台的那片天空，一定同时在书写着这个时代的历史。从一定意义上说，正是我们优秀的团队要同时创造"三个历史"的动力推动着《中国企业家》把一个个光荣的梦想变成现实。

对于《中国企业家》存在的价值，一位专门研究中国企业和企业家的朋友还曾做出这样的评价："中国 30 年改革开放令世界瞩目的主要是经济成就，经济成就主要是因为一大批优秀企业和企业家的崛起，如果战争年代的英雄主要体现为将军、元帅的话，市场经济时代的英雄则应主要体现为企业家。当我们的现实生活中已经涌

本人还忽略了每个人在同时创造的另一个历史——家族的历史。我在评价一位杰出人物时，有时会说"他让他们家的祖坟都冒青烟了！"，这说的其实就是这个人为家族带来了荣耀。您是否意识到了自己身上的这几重责任和使命？意识到这些后，您得到的更多是舍我其谁的动力还是不堪重负的压力？

现出那么多企业界的时代英雄时，我们的文学艺术、影视作品里面却仍然存在对企业和企业家的各种误解和偏见，从中竟然几乎找不到一部客观反映杰出企业家真实状态的优秀作品。在这种情况下，有你们这样一本以弘扬企业家精神为己任，竭力避免让中国的企业、企业家被误解、误读、误伤的杂志存在，你知道有多么难能可贵吗？"

不管对这位朋友"知音"般的评价有多么感动，说心里话，我们仍然不能让自己满足于这样的生存理由。如果说《中国企业家》已经为一个伟大的理由生存了 25 年的话，下一个 25 年一定应该有新的、更好的理由，并催生出新的、更大的动力。让我们共同努力创造一个新的、更好的理由。

每个人都能让世界更美好[⊖]

当我们心安理得地享受着人类创造的各种成果时，可能从来都没有认真想过："我不是音乐家，为什么能欣赏到那么多美妙的音乐？我不是作家、思想家，为什么能阅读到那么多伟大的作品？我不会种地，不懂养殖，为什么能吃到那么多鲜美可口的食物？我不会造汽车、轮船、飞机，为什么有机会坐着汽车驰骋大地，乘上轮船漂洋过海，登上飞机翱翔蓝天？为什么？凭什么？"

也许你会觉得这些问题很可笑："为什么，因为我付钱了；凭什么，凭着我在自己的专业领域，在自己岗位上的辛勤工作。"这当然是一个答案，甚至可以说是一个理直气壮的答案，但却远远不是问题的真正答案，更不可能是全部答案。因为我们付的钱根本就买不起贝多芬的一部交响曲，买不起人类多少代在发明创造上的持续努力和积淀，甚至买不起老子、孔子、苏格拉底或释迦牟尼的一句话。

那么，到底为什么？凭什么？

真正的答案是，人类社会如今本身就是一个大公益体，之所以能够

⊖　此文 2008 年 10 月 31 日首次发表于新浪博客。

从野蛮的茹毛饮血的社会一步步演化为一个日益成熟的大公益体，是因为人类的智慧能够创造出远远超出其自身基本需要的价值，并找到了一种逐渐积累这种价值、放大这种价值、共享这种价值的逻辑和秩序。在自然界，最伟大的狮子王能带给它的臣民的只是以其他臣民的生命为代价的大块鲜肉；而在人类社会这个大的公益体里，每个成员都有机会廉价甚至无偿地得到其同类千百年来伟大创造的各种馈赠，这也正是"人类"两个字之所以如此神圣的理由。

接下来的问题是，既然我们付的钱实际上买不起我们所需要的产品和服务，而人类社会的公益性使我们表现为"买得起"，并有机会把我们需要的各种东西"买"回家，我们除了单纯为了"挣钱"之外，总得为人类这个大公益体做点什么吧？做点什么呢？

我的选择是这样的：第一，对这个世界充满感恩的心，决不把自己得到的一切视为天经地义；第二，不做公害，永远不为一己之利伤害别人，同时避免无意

著名歌星迈克尔·杰克逊曾大声疾呼：不要把改善世界想象成大人物的专利，我们每个人都可以采取行动，每个人都可以创造改变。

事实上，改善世界就是圆满自己的重要方式，您是否尝试过类似"日行一善"的做法？您在无私地帮助别人时的内心感受是怎样的？

识、不自觉地做出一些伤害环境的事情；第三，从小事做起，从点滴做起，随时随地做一些力所能及的好事；第四，严己宽人，要求自己做到的，不去苛求别人，鼓励和欣赏一切好人好事；第五，如果有能力的话，努力为这个世界，为人类这个大公益体创造一点儿独特的、不可替代的价值。

我想，我的选择是一个普通人的选择，也是每个人都能做出的选择。比如，你内心充满感恩就会对世界微笑，而你对世界微笑，世界就会对你微笑；你想随地吐痰但忍住了，世界会因此更加洁净；有人问路你耐心地给予指引，人心会因此更加温暖；有人为人类做出了重大贡献，你虽不能至，心向往之，尊敬之乃至倡导之，就会影响更多的人乐于为人类这个大公益体做出更多、更大的贡献……你看，你的一个普通的选择将会带来一个个多么了不起的结果！

人类的福荫带给我们一颗感恩的心，只要有一颗感恩的心，每个人都能够让世界变得更加美好。

让成功与财富更有意义^一

普通人在寻求成功与财富，成功者在寻求意义与幸福，全社会在寻求信仰与方向……这大概就是今天的时代背景。在这样一个时代背景之下，全新改版的《中国慈善家》将会承担什么样的责任和使命呢？

一言以蔽之，就是寻求榜样的力量，让成功与财富更有意义。

人生的意义，就是通过自己的存在让世界变得更美好。这听起来很像是在唱高调，因为每个人来到这个世界上，第一诉求是要活下去，而且要尽可能比别人活得更好。要比别人活得更好，精神上很难比较，于是大家就不约而同地展开了一场财富与权力的角逐。遗憾的是，正像大家所看到的，很多在名利地位上的胜出者并未因此活得更好，甚至在追求成功的一路狂奔中迷失了意义、远离了幸福，越来越困惑人活着到底是为什么。

当人们信的几乎只剩下财富，仰的几乎只剩下权力，而财富与权力的偶像又纷纷崩塌的时候，我们就知道，回归意义、重拾梦想的时刻已经来临。

值得庆幸的是，无论是个人还是企业，不管是国内还是国外、东方还是西方，把是非放在前面、以负责任的方式追求成长或成功的榜样不再孤独。尤其是随着移动互联网时代、微博微信时代的开启，信息平等、对称的程度日益提高，"善有善报，恶有恶报"的时间周期大大地缩短了，做坏人的成本越来越高，做恶企业的风险越来越大，对于真善美的呼唤重新成为时代的强音，好人有福了！

过去说"榜样的力量是无穷的"，在榜样稀缺的年代更是如此。《中国慈善家》将通过发现、汇聚榜样的力量，推动每个人、每个机构成为善行的主体，都能因为自己的存在让这个世界变得更美好。

让这个世界变得更美好，让成功与财富更有意义，从我们追求成功与财富的第一天开始。

说给读者

成功与财富是人生的手段还是目的？如果是目的，为什么拥有了财富、取得了成功反而更容易失落，甚至离意义和幸福更远？您怎么看成功与财富同人生意义的关系？您认为一个人应该在成功之后再追求人生意义，还是从一开始就把追求成功与财富作为承接生命意义的载体呢？

社会企业家是这个时代的英雄[⊖]

传统意义上的企业家和社会企业家到底有什么差别？

社会企业、商业企业都是企业，社会企业家、商业企业家都落在企业家上，主体没变。差异在哪儿呢？一虚一实。虚，首先就是WHY——为什么。我们做企业是为了什么？到底是使命、责任、价值观驱动，还是欲望、快感、利益最大化驱动？究竟是什么在驱动你？一切都是从这个"为什么"开始的。

在中国，现代意义上的企业几乎都是借鉴西方的成功经验，西方几百年的商业文明中，被公认的传统企业价值观是股东利益最大化。没有人反对这样的理念，几乎所有企业追求的都是股东利益最大化。从某种意义上讲这也是欲望追求最大化、各种世俗追求最大化，这也没错，因为它驱动了几百年来社会生产力最蓬勃、最快速的发展。

你有多大的WHY，就有多大的可持续动力。但是，社会企业家一开始的着眼点就不是利益最大化，不是欲望追求最大化，而是为社会解

⊖　此文 2015 年 12 月首次发表于《中国慈善家》。

决问题。这个社会今天有什么是让大家都很难受的？政府和公益机构在某些事情上也有失灵的地方，传统意义上的企业也解决不了，怎么办？社会企业家的初心就是为社会解决问题，把这份责任和使命当作自己的价值原点。这就是社会企业家的"为什么"，有多大的"WHY"，就有多大创造价值的动力和可持续发展的动力。

WHY 后面是 HOW。如果你是为了股东利益最大化、欲望追求最大化，你就可以不择手段，不顾一切，只要不违反法律就行。但是如果你是为了给社会解决问题，你就一定不会用制造问题的方式去解决问题，一定不会用令人鄙视的方式去赢得尊敬。所以，一个 WHY、一个 HOW，基本上就从虚的层面界定了传统商业企业和社会企业的本质差别。

那么，狭义的社会企业和广义的社会企业差别又是什么？以我的观察和实践看，狭义的社会企业实际上有点像公益、非营利机构。过去，很多创始人认为非营利机构、公益平台缺乏企业般足够的动力，员工很优秀也很努力，但得到的"价值实现"很有限，动力不足，所以就想用企业的方式来操作。但是这样的社会企业，是不分配利润的，它用企业的方式创造价值，为社会解决问题，当然需要有创始人、投资人乃至捐赠人，它并不见得不挣钱，它可能很挣钱，只是创始人、投资人、股东不分配利润。他们所有的利润、价值只用于不断地把这个事业做得越来越好，越来越大，越来越久。

无论狭义还是广义，WHY 和 HOW 是共同的前提，社会企业的基因都是一致的，只是狭义的社会企业不分配利润。为什么大家会有疑惑？疑惑自己的企业是不是社会企业？因为照章纳税、解决就业，自己的企业也是在承担社会责任，也是在努力解决社会问题呀。广义的社会企业有点像"公益的心态、商业的手法"，而且可能有非常好的商业模式和盈利模式，不是为了挣钱，但是可以挣很多的钱，甚至将来能成为全世界最能挣钱的伟大企业，并且分配利润。

现在，公益界和从事社会企业研究的专家们对什么是社会企业、什么是社会企业家有各种说法，我自己的思考是：从"虚"的角度看就是"WHY 和 HOW"的区别，从"实"的角度看就是"是否分配利润"的区别。我相信很多企业正在从传统的商业企业向社会企业转型，或者说是进化。实际上，很多企业家已经行进在成为广义的社会企业家的过程中了。

我在 10 年前创办了中国企业家俱乐部，也差不多在 10 年前就开始做中国绿色公司年会，并且一开始就是国际化的。中国著名的外交家吴建民说，这是中国企业家第一次在道义上站到了全球商界的制高点上。对于"绿公司"，当时我们自己的定义就是"通过打造良性生态赢得可持续竞争力的公司"。我们说的生态，不但是指自然生态、环境生态，更重要的是指人文生态、社会生态。生态的恶化，无论是社会的还是自然的，根本原因是什么？当然是因为人，再具体一点儿说是因为我们的心出了问题。当我们的心出了问题时，这颗心和那颗心的关系就会出问题，人和人的关系就会出问题，人和环境的关系就会出问题。

阳明心学的"知行合一"乃至于"知行本一"，修的就是那颗真心。当大家都能回到那颗清静的真心，就会发现全世界这 70 多亿人其实是一颗心。平时大家争来争去，争的都是小我之心，你的欲望和我的欲望、你的利益和我的利益等，都是小我之争。各种冲突乃至于战争，人与人、企业与企业、国家与国家、种族与种族，争来争去都是眼前利益、个别利益的小我之争。上升到大我的时候，就会发现大我是一个我，70多亿人是一个我，因为每个人都希望安全、健康、幸福、自由、平等、尊严。每个人都想要，但是小我总想用自己的需求挤压、伤害别人的需求，如果回到同理心，回到那颗真心，你就会发现大我其实就是一个我。

因此，回归本质，其实社会生态、环境生态、人文生态以及所有关系出问题，都是从这颗心开始的，所以我们首先要关照一下自己的内心，要改善我们的生态环境，要能找得到初心，担得起责任，看得见未来。

我认为，社会企业和社会企业家在中国和全球范围内正在全面崛起。为什么？从WHY，从办企业的理念开始，传统的理念已经过时了，股东利益最大化已经过

说给读者

本人在这里把传统意义上的企业与社会企业，以及狭义的社会企业与广义的社会企业用自己的方式做了一个明确区分。8年过去了，世界百年未有之大变局使得人类文明的基本走向都在发生动荡，商业世界与社会心理也在发生重要变化。基于此，您对社会企业和企业家发挥作用的方式抱有怎样的期待？您认为在新的社会发展阶段，人性将在总体上更加趋向利己还是利他？

时了，包括股东利益最大化所驱动的机会导向、急功近利做企业的方式都已经逐渐过时了。

因为，用传统的方式，资源越来越不够用了，能源越来越不够用了，够用也不能用了，因为我们已经没法呼吸了，我们找不到能放心吃的、喝的东西，所以从根儿上就要发生转变。但是还有一个很重要的催化剂——移动互联网，现在信息越来越对称了，"善有善报，恶有恶报"，过去老也不报，现在那个"报"的时间大大缩短了，不是"轮回"，不是"来世报"，而是"现世报""马上报"。

所以我认为，所有的企业都会变成互联网企业。所有的企业家在解决好 WHY 和 HOW 的前提下做企业的话，就都是社会企业家，都是这个时代的英雄。因为企业家做的事是很辛苦、很难的。我经常说真正的企业家都是带着孩子赶路的母亲，自己常常连哭的地儿都找不到，但我们没有办法，我们必须对企业家提出更高的要求，谁让你是英雄呢！就因为你是英雄，因为你是为社会解决问题、为大家承担责任的，所以对你的要求就更高。所以说，社会企业家将逐步成为企业家中的主流。

把伟大交给过程^一

小草和小树刚刚钻出地皮的时候，模样都差不多，甚至小草比小树长得还快、长得还高。是什么决定了小草会停下来成为永远的小草，小树会长下去直到成为参天大树呢？是基因。

企业也有基因问题。一家企业最重要的基因不是别的，是摸不着、看不见的核心价值观；企业之间竞争的最高层次，是核心价值观的竞争，是企业这个"肉身"所承载的意义、使命、境界的竞争。

企业不挣钱，连生存的资格都没有，但是为卑鄙的目的挣钱是更为可耻甚至生不如死的。只有为了一个崇高的目标，通过为社会解决问题而挣钱、挣大钱、持续地挣钱，才有机会成为一家伟大的企业。正像《基业长青》一书里所揭示的：在全世界的范围内，真正伟大的企业没有一家把挣钱、把追求利润最大化作为最高追求，挣钱、挣大钱只是结果，是伟大公司通过商业的方式为社会承担重要责任和使命的必然结果。

弄清这一点之后，真正有志于成就高远梦想的企业和企业家应该更

⊖ 此文 2010 年 2 月 10 日首次发表于新浪博客。

加从容、更加自信：一棵小树不必和小草比谁长得更快，一只小狮子也不必和大狗比谁更威风，做对自己该做的事，睡好自己该睡的觉，把荣辱交给未来，把伟大交给过程。

几年前在一次重走"玄奘之路"的旅途中，我曾经有过这样一个感悟：一旦明确了那个坚定不移的目标，就立即把目标忘掉。因为一心只想着目标，就会忽略掉身边很多美丽的风景；而"忘掉"目标、快乐地走好脚下的路，实际上每一步都在践行着生命的意义，每一步都在接近着那个看似遥不可及的目标。这样，穿越一个个新奇的"偶然"迈向一个伟大的"必然"，即使是充满挑战和艰辛的旅程，也会变得充实而幸福，岂不妙哉？

说给读者

一旦明确了那个高远而美好的目标，就立即把那个目标忘掉，专注而快乐地走好脚下的每一步。您认可这样的人生态度与成功原则吗？对此您有什么独特的体会和更好的建议？

- 大家都知道有一句话叫"条条大路通罗马",但实际上,每个人要到达真正的罗马,都要经历九九八十一难。怎么逾越这九九八十一难?孟子给了我们一句话,叫"行有不得者,皆反求诸己",不管因为什么遇到挫折而达不到自己的愿望,全在自己身上找原因,不是向外求,而是向内求,然后"其身正而天下归之"。所以我的结论是:通向罗马的道路其实只有一条,叫"反求诸己"。

- 做好人,走正路,沿着自己最有感觉、最有优势、最容易培养核心能力的方向一直走下去,走 10 年不成功才怪,走 20 年不成为人们学习、追捧的偶像才怪,走 30 年不受人们尊敬和景仰才怪,走 40 年不拥有丰润、完美、了无遗憾的人生才怪。

- 所谓"道成肉身",就是一个由无形到有形的过程。当然,只有公认的大道才可能生成大的肉身、多的肉身。

- 不但要比谁长得快,更要比谁活得长。如果你有机会修炼成一根人参的话,又何必天天羡慕胡萝卜呢?

- "你有什么成色,世界就会给你什么脸色"。如果你十分脆弱,还会粗暴甚至骄傲地拒绝这个世界给你的真脸色,让别人换上一个顾及你的"面子"和"尊严"的假面具,这样,就连自我反省和认知突破的机会都丧失了,还怎么成长进步?难怪有些人会活来活去活成一个"巨婴"。

- 精神上修炼到最高层次可以成圣，物质上驾驭到最高程度可以称王。内圣外王，则是古今中外罕有几人能够达到的至高境界。

- 伟大的生命之所以伟大，是因为他可以以任何一个所谓卑微的生命、卑微的对象为载体，修炼、延伸、放大自己的伟大。

- 什么叫极致的纯粹？找段安静的时光，认真看一看小野二郎的"寿司之神"之路，你或许会从中悟出生命的意义，找到生活的方向。

- 一个人能够在多大程度上独立地定位自己生命的意义，他就可能在多大程度上确立自己内在的人格尊严；这种自我定位和内在尊严能够在多大程度上赢得残酷的现实世界的承认，他就可能在多大程度上获得真正的成功和外在的尊敬。

- 自身即富矿，俯仰皆能量。

赞誉

"意义"之鉴

C

每个人都将面对生命的终结，而当死亡近在咫尺的时候，意义更显得现实和深刻。当我与死神赛跑，选择纵使不敌也绝不屈服，快要打光最后一颗子弹的时候，发现绝症和痛苦另有意义——它们不但以另一种方式扩展了我，而且有可能延展更多人的生命。感谢《意义》这本书，帮助每个人能够更好地面对人生这道"必答题"。

——京东集团原副总裁、渐冻症抗争者　蔡磊

一个人生命的价值有多大，就看他曾被多少重要的课题融解过，这种融解的体验是一种重大的人生享受。看到以"意义"命名的这本书，我所感受到的并不仅仅是一个人的心路历程，更是对共同经历的时代带来的人生挑战的思考，以及与时代融解的生命体验。

——管理学者　陈春花

没有哪个人愿意"白活"，也就是白白来这个世界走一遭。什么叫"不白活"？那就一定是有意义地活，最好是有很大意义、很大价值地活过。当然对于什么是意义，什么是很大的意义，每个人的定义都不一样。写《意义》这本书，我相信东华也不是想要给大家一个标准答案，而是希望通过他自己的心路历程，提醒每个人都要认真对待生命的意义这件事，不要忙来忙去，把自己到底为什么活着都忘了，等到想起来的时候一切都错过了，一切都来不及了。如果能达到这样一个效果，《意义》这本书就已经很有意义了。

——泰康保险集团创始人　陈东升

每个人都渴望真正的富有，而在自己选择的通往富有的道路上，前行着，奔跑着，欢乐着，痛苦着，坚持着，勇敢着，信仰着……或许这就是一个人生活或者活着的意义吧。《意义》这本书给了我们一个空间，让我们停下来，对话自我，认识自己，不断寻找人生的意义。

——高途集团创始人　陈向东

从虽千万人吾往矣的孤胆猛士到看透生活却依然热爱生活的宁静英雄，在背后支撑的都是"意义"的力量。因为人类的全部尊严在于思考。若非要究诘"意义"是什么就犹如追问远方除了遥远到底有什么。

——中国文化书院院长　陈越光

D

在三十余年的商海打拼中，我有幸结识了刘东华先生。

作为所处时代相差无几的人，我们见证了祖国翻天覆地的变化，也各自经历了平凡和成长。近日，东华兄在朋友和同事的支持下，决心将自己曾经写的一些文稿汇集成册发表，并与机械工业出版社达成共识，取名"意义"，我也非常赞同和支持。因为《意义》本身就有意义。

东华兄从 1996 年下半年调任《中国企业家》杂志社总编辑，后任社长，带领大家二次创业，到 2011 年创办中国第一个高端人脉与价值分享平台——正和岛，心无旁骛地为企业家人群提供高品质的平台服务，意义非比寻常。我想，这也应该是新时代更好地弘扬企业家精神，激发企业家创业创新所需要的。

每逢东华兄发表文章和演讲，我阅读和聆听时，都受益匪浅。这次，以"意义"为书名，选编二十余年来具有代表性的文章和演讲，展现对自我与人生意义的深刻认识，对是非与成败之间关系的深刻思考，对企业与企业家生存之道的深刻探索，对财富与机遇驾驭之术的深刻揣摩，情信辞巧，理通义畅。从年少时的"初心"所思，到中年时的"破"与"立"，东华兄着实记录了自己的成长史和思想史，此书可以说是一面反映企业家群体变化的镜子，一圈记录企业家群体成长的年轮。如今，集册出版前我有机会先睹为快，感觉旦夕之间瞬息万变，跳丸日月沧海桑田，时光流逝之快让人感慨，许多东西在岁月长河中随浪而去，但总有些在流波之中扎下根来，施展其魅力。东华兄以精妙之文字记录其亲身经历、所思所悟，给人以启迪，并取名"意义"二字，予以存，精到。

其实，世间万物的存在都有意义，因其作用与价值。人，作为世间万物之一，既伟大又渺小。之所以伟大，因其思想、智慧和认识自然、改造自然的能力超越其他；之所以渺小，因其是生物链中的一环。所以，人应该珍惜生命，积极而正面地生活，对自己也对环境，如此才有人所期盼的真正意义。正如东华兄的这部文集，其中包含着对"意义"特别是人生"意义"的深刻体悟，囊括了人生的目标、动力、责任、方法、效用以及行与止、是与非等诸多智慧。

"人生天地间，忽如远行客"，人的一生都走在自我认知、塑造与实现的路上。几十载的光阴里，我们能做的事有很多，能做成的事却注定寥寥。"无专精则不能成"，若要丰盈生命的厚度，延伸价值的长度，就要做好在一个领域深耕苦钻的准备。对这些体悟，我与东华兄有同感。从《经济日报》和《中国企业家》到创立中国企业家俱乐部，再到创办正和岛，东华兄一直奔走在为民营企业和企业家服务的途中，紧跟时代的步伐，敢想敢做，察变求变；从租赁轧钢厂创业到兼并重组，再到走进"一带一路"，我专注钢铁事业，奋斗三十余年，把企业带进了世界 500 强，以跬步之恒，行万里之程，践行一件事、一辈子、一直做、一定成。我们都顺应时代，抓住机缘，跑出了人生积极的每一步。

尘世巨变如洪流，人间正道是沧桑。我们这代人赶上了国家建设发展的好时候，激发了自己敢想敢干的潜力，可以说，在有限的生命里体验到了人生的意义。当然，我们走向社会的过程同大多数人一样，有过迷茫、困惑，但在认知自己、改变自己、提升自己方面坚持了下来，才成就了个人事业，要感恩时代，感恩自己，感恩同事。这也正是东华兄《意义》一书的精髓所在。面向未来，人生有限，意义无限。我们应该把人生过得更精彩，要为社会创造物质财富，更要留下一种精神，依靠组织和精神将有限人生的"意义"传承好。

借实事实例，言致胜之思；以半生所悟，究至善之道。《意义》一作，意义无穷，希望各位读者能从中受益。

——德龙钢铁集团董事长　丁立国

年轻的时候思考人生的意义还比较多，而且那时认为有意义的人生在于别人、社会认为你的人生有意义，比如利他，为社会做出大贡献，哪怕自己要付出很多。年纪慢慢大了，经历也越来越多，反而对人生意义不太去想了，即使偶尔想一想，也不太会考虑别人怎么看了，更多是觉得有意义的人生在于自己该怎么活得更快乐。站在这种向内思考的角度，我认为有意义的人生其实就是幸福快乐的人生。它应该包括三个方面：一是身体与心理的健康，没有什么比健康更重要的了；二是财务与精神的自由，这两种自由都具备了我们才能放开做自己喜欢做的事；三是好的人际关系和情感，包括亲情、爱情、友情，以及同事、同学等之间的各种情谊。以上三个方面是我认为最重要的，当然想做到并非易事，说起来更像是自己对人生的希望。

——北极光创投创始人　邓锋

人生是一个体验的过程，如何让这个过程充实、有价值、有幸福感，每个人都有自己的定义和活法。东华先生在《意义》这本书中，用自己的人生经历、体验和古今中外先贤的思想智慧，以及与优秀企业家们交流、交往过程中的观察感悟，给出了他对人生和企业经营意义的定义和追求。在今天这个充满不确定性的时代，如何守住初心，坚持利他之心，持续为社会福祉做贡献，正是这本书想向大家传递的。

——广联达科技股份有限公司董事长　刁志中

F

东华老师是仰望星空的人，一生致力于为企业家发声，做企业界的思考者和观察者。求索半生，认为"意义"是一以贯之的道。人们可以追求毫无意义的成功，也可以认为人生没有意义。但唯有意义，才是企业和个人存在的动力。

——帆书 app（原樊登读书）创始人、首席内容官　樊登

"意义"始于对某种事物的解释，但凡能说服自己或他人"愿意"或"乐意"去做的事便被赋予了"意义"。东华愿意写这本书本身就是一种"意义"。

——御风集团董事长、万通集团创始人　冯仑

G

人类以生命的形式而存在，但并不是所有的人都能领悟生命的意义。东华老师是杰出的商业思想家，也是一位了悟生命本质的智者。《意义》一书，是东华老师围绕企业管理者的自我与超越、欲望与边界、当下与永恒、孤独与荣耀、是非与成败、富有与高贵等人生主题所做的不断追问与深度思考。全书篇篇直指人心，句句振聋发聩。对这个意义感匮乏的时代来说，这是一部帮助管理者严肃审视和重新思考自身生命意义的难得佳作。

——军事学博士、北京大学国家发展研究院管理学教授　宫玉振

H

读罢东华的新书《意义》，谈几点对《意义》之意义的感触。首先，《意义》是智者对意义的传递。尽管古今中外有不少智者，但东华的《意义》具有其独特的价值和深植于当今中国大地的鲜活启迪作用。其次，纵观东华的人生上半场，他以一以贯之的使命感提升企业家的生命意义和共建和谐社会，也可以理解为"正"与"和"。最后，从书中我们可以感受到在人生一路走来的思考中，在一以贯之的使命感的驱使下，在一心打造的正和岛平台上，东华个人的生命意义和其所凝聚的相关群体的生命意义，都会在这个伟大的时代持续地相得益彰、大放异彩。

——北京大学光华管理学院教授、

清华大学全球产业研究院首席专家　何志毅

为东华兄弟高兴！在高歌猛进中助威，在经济低潮中赋能，在成长过程中分享思想成果，这就是《意义》一书本身的意义！

——建业控股有限公司董事长　胡葆森

认真读完刘东华的《意义》，我想起了世界名著《活出生命的意义》（美国最有影响力的十本著作之一），看到咱们东方文化的传承与创新，我感到无比振奋。刘东华马上出版的《意义》这本书所倡导的价值观与西方提倡的人文价值简直是不谋而合，这也证明了西方和东方都在追求人类命运共同体的幸福。

刘东华的《意义》层次更高，他融入中国企业家群体，研究多年，给出了 84 个意义的核心，为终身付出的创业家、企业家归纳和总结了生命的意义。这为实现中华民族的伟大复兴、人类的创新贡献了宝贵的思想源泉。

以前我们追求孔孟之道，很少提及企业家精神、工商业文明的积累，改革开放四十多年来，越来越多的专家学者、企业家总结出了企业家精神，这对推动中华民族的世世代代进入到一个强大和不断成长的阶段起着非常大的作用。

——创维集团创始人　黄宏生

从《中国企业家》到中国企业家俱乐部，再到正和岛，东华兄活出了生命的精彩。他以独特的能力、身份和视角，向这个时代阐述了理解企业家精神的新途径和新方法。用心贴近和体认他这些观点，将使我们对中国改革开放的历程有更细微的观察和认知。

——中坤集团创始人　黄怒波

J

人生为什么要有意义？因为人是会死的，生命的长度是有限的，生命是有终结的那一天的，所以必须在有限的生命中创造意义，表明我真的来过，有所作为，甚至在面临死亡的时候，我可以说我为了创造人生的意义努力过，奋斗过，咬牙坚持过。读完好友东华兄的《意义》一书，感触颇深，它促使每个人都去思考人生的意义是什么，为了追求这个意义我们到底付出了什么。其实我猜东华兄之所以写《意义》，背后的意义就在于告诉大家，对人生意义的追寻或许就是为了在临死的刹那能充满勇气地对自己说：我活过，了无遗憾！

——分众传媒董事长　江南春

《意义》这本书能够帮助读者更好地获得意识觉醒，更好地了解生命意义，更好地找到生活真谛，更好地推动生意成功。对处于纠结迷茫中的人来说，熟读这本书并领悟其中的内涵，会犹如获得明灯和内核，使人无惧无悔地前行，利己达人地升华。

——远东控股集团创始人、董事局主席　蒋锡培

我花了半生追求意义，后来才发现，意义不是想出来的，是活出来的！东华兄是我的朋友中少数活出意义的人，他的书值得细细品味。

——中国台湾商周媒体集团创始人　金惟纯

L

我和东华老师是同龄人，都是 1963 年出生的，老家都在河北，经历也相似，都是媒体人，只是东华在媒体业界拥有盛名之后，转型创办了一个关心企业家的机构——正和岛。虽不能像他的文章一样，字里行间充满着心灵感悟，但正和岛依然是他人格的外化，是他精神的浓缩，是他生命的舞台。媒体人也罢，创办正和岛也罢，东华骨子里的东西没有改变，他依然嗜文化、得正念、求真理，是一个以"表达者"为己任、为崇高、为事业的人。

在和东华交往的过程中，有一件事让我铭记在心，终生难忘。自离开家乡之后，我一直弱化过生日这件事情，偶尔也过生日，大多记忆不深，但是2016年的生日最值得纪念。

2016年年底，我和正和岛几百位企业家参加在西双版纳举办的论坛。东华和一些企业家在我毫不知情的情况下，在当地为我准备了一个特殊的生日聚会。12月29日晚上，有人通知临时举办一个活动，让我尽快参加。我到了会议大厅，推开大门，里边很安静，而且没有灯光，正犹豫的时候，点点烛光突然亮起，生日歌同时唱响，100多位企业家手里各拿着一个书签并随生日歌挥舞书签。书签对我而言有着特殊的意义，我收藏来自不同国家、不同时期、不同材质的书签，可以说是五花八门，但这一次被惊艳了。歌罢，大屏幕上开始播放来自世界各地的正和岛的企业家发来的祝福。之后，东华和几位企业家推着生日蛋糕缓步走来，蛋糕上用蓝色的字写着"祝成才导演生日快乐"，刹那间我泪珠滑落……

平复下来后，我发表了生日感言。大意是，我人生的每一年其实都挺容易记忆的，因为我一直用我创作的片子来记忆。比如有人问某一年我在做什么，我会不假思索地说那一年我在执导什么片子。几十年中，我做的工作就是执导影片这一件事，从未停止。之后，东华开始发表生日祝福，他说我是一个媒体人、一个文化人，他想像我这样，单单纯纯地、安安静静地、非常专注地去做一件事情，我做的事情让他如此羡慕，东华也希望他自己的生命是由一部部的作品码成的……以后的几年中，我偶尔想起东华当时的话，里面既有对我发自内心的祝愿，也有对他自己选择的矛盾……

东华创办了正和岛，从纸上话苍生的媒体人变成了一个具体又实在的机构的主理人。如何对待企业家群体决定着财富创造的效率与质量，影响着大众的生活质量、社会的经济发展，由于重农抑商传统的惯性，中国企业家群体一路跌跌撞撞，为此东华对企业家呵护有加，并为企业家的精神鼓与呼。正和岛如今已经成为企业家成长的摇篮，也成了东华生命里的独特作品。

东华要出书了，我曾经读过里面的一些文章，也数次聆听过他的演讲。早年间，我听东华讲课或演讲，觉得他的那份激情可能是一时之兴。没想到，在我和他将近 30 年的交往中，他一直是这样，这其实也就是他的本色，一个人像一支队伍，轰轰烈烈，充满万丈豪情。激情是他的一面，而理性是他的另一面，激情和理性构成了东华的性格。

理性是科学革命之后衡量一个人或一个民族的重要尺度。东华要出一本关于意义的书，这是他理性的物证。东华的这本书并不是一时之念，而是他几十年来的一些文章、讲话、随笔的集合，里面有几个关键词：人生、生命、企业家。常言道：三十个春天看不到三十一次花开，三十个秋天收不到三十一箩小麦。如今，东华六十岁了，与改革开放同步了四十五年，见证了中国经济、社会的变迁。这期间他是观察者、记录者、发现者，他把大多的精力投入在企业家群体上。2010 年，中国 GDP 成为世界第二，人们欣喜于这样的成就，但很少有人思考这成就到底是怎样创造的，尤其不清楚这背后的重要力量——企业家群体到底经历了什么。东华在这本书里记录下了有关这一过程的一些片段，这些片段是中国经济发展的一面镜子，它能折射出时代的辉煌与使命。

思考生命的意义时，我也曾经怀疑自己的价值。中国文化里讲究立德、立功、立言，三立一个也不能少，而且顺序不能变。但是媒体诞生以后，我直接就有了一份立言的工作，每每想起三立，我都会叩问自己，"你的所作所为是有价值和有意义的吗？"。于是我去读了哲学家威尔·杜兰特的《生命的意义》一书。最终我有所释怀，生命到底有什么价值和意义？其实这是一个终极问题，每个人面对终极问题时都想找答案，但是也都不会找到能令所有人信服的答案。我和东华通过微信进行了交流，我们对意义和价值的理解是近似的。

什么是人生的意义？对大多数人来说，并不一定要回答这个问题，或者说这也不一定是真实的问题。但是，如果有人提出这一问题，那就意味着他开始审视人生、认识自我了。如果幸运一点儿的话，他会很快度过审视的时间，找回失落的意义，重新唤起意义。

我们要赋予生命价值和意义，我们要寻找属于生命的那份自洽的逻辑。东华探讨生命，探讨生命的意义，他以一个表达者的身份，为别人提供了对生命的价值及意义的思考。我觉得他即便有对自己心灵的疑问，也很短暂，因为他那股强大的、饱满的、求新求变的力量总是可以抵御偶尔的忧伤、偶尔的疑问、偶尔的惶恐。东华的力量太强大了，我被他感染着。我希望他这本书可以如他以往的作品一样，影响更多的人，让更多的人为自己的生命赋予价值，赋予意义，去求新，去求变，去创造……

——纪录片导演　李成才

在当前这个充满不确定性的时代，很多人可能会对当下与未来感到焦虑和迷茫。对此，我认为应该从探寻更加本源的问题出发，再次思考人生的意义、世界运转的规律，并以此作为前行的航标。《意义》这本书正是东华作为多年时代变迁、企业发展的记录者，对成功、财富乃至生命意义追寻与叩问的凝结之作。阅罢此书，相信很多人会对萦绕心头许久的终极之问有不一样的思考维度，对未来也会增添更多的信心与坦然。

——TCL 创始人、董事长　李东生

多谢东华兄给我一个机会谈谈我对"意义"的理解。我自己的人生，有一个从小我到大我，再到追求无我的过程。小时候因国家栽培有机会练武术，后来拍电影，一直到 40 岁应该都是小我的阶段，虽然在传播文化、弘扬正气等方面也做了一些贡献，但更多是为自我活着，为照顾母亲和兄弟姐妹、为家庭活着。后来在印度洋海啸中撞上了生死难关，奋力逃生后，觉得人活着总要追求更高的意义，总要想想如何用感恩的心回馈社会，以报答国家的培养、朋友的支持，以及各方面那么多师长、前辈的信任和帮助，所以开始为大我而奋斗。

在从小我到大我的过程中，特别是在创立壹基金的过程中，2007 年我有缘遇到了东华兄，他用他的一腔热情铺路搭桥，让我有机会把梦想介绍给一批了不起的企业家。这些企业家一经点燃就用各种方式投入进来，并动员各种力量，帮助我这个完全不懂运营的人一步步把壹基金这个"大我"的大家庭建立起来。截至 2023 年 10 月，壹基金累计捐赠金额超 40 亿元，捐赠者超 88 亿人次，受益者超 4000 万人次。这是我终生难忘的一种值得感恩的经历，真的是有因有果，如果没有东华兄在那个时空的引荐和引导，壹基金就不可能是今天这个样子。

　　不管是大我还是小我，都还是在相对的世界、相对的真相之中。大我之上的无我是什么？太极之上的无极是什么？相对真相之上的宇宙本质、究竟的真相又是什么？近些年来我在追寻与修炼的过程中，也经历了从对书本上文字的明白到身体力行地去做的过程，就像学开飞机不能只看说明书，还必须亲自动手去操作。过去几年我一直在特别努力地学着"开飞机"，直到有一天可能会豁然开朗，直接了悟。

　　鉴于东华兄《意义》一书带给我的启发，最后分享一句话：在相对的世界中，每个人都可以向外去寻找，并得到他人的认可；我的方法只是向内寻找，而且永远能找到自己的不足，找到自己无限的可能性。

——**壹基金创始人　李连杰**

　　人活到一定年龄就会提出"人生的意义"这个问题，这是人间老问题，也是人类不解之谜。人生的意义，很有意义；人生的意义，毫无意义。不同的人有不同的理解，不同的人有不同回答。当一个人离开地球进入外太空俯瞰地球时，对自身的理解、对人生的认识，又别有洞天。进入太空旅行的人都有一种悲伤感，仿佛看到人类末日就在眼前，因为对无穷浩瀚的太空而言，地球实在是太渺小了，一个漂浮在太空中的星球的表面，养育着人类生命。无论你有多么伟大，只要停留在地球表面，就有毁灭的那一天。这种不可抗拒的无力感、挫败感油然而生。如果从这个意义上讲，人生的追求应该是为人类的可持续发展做出贡献，研究如何保护地球家园，积极探索外太空世界，为人类寻找新的家园。

　　每个人都有灵魂，不同的人有不一样的灵魂。刚才我说外太空无比浩瀚，但相比灵魂而言，外太空又显得无比渺小，这就是人与自然的协调统一。人类与自然存在两个极端关系，一个是无比浩瀚的宇宙，另一个是无法检测、不能量化的灵魂，对每一个人而言，存在的意义就是探索灵魂与宇宙的关系。东华老师对"意义"的理解有其独到的地方，他通过自身的工作、生活及人生成长经历、感悟，提炼出极具价值的观点，很有新意。我们每一个人都在寻找人生的意义，到今天为止，没有人找到最终答案，但我坚信人类一定会找到生命意义的答案。我认为，这个答案掌握在"上帝"手中。我们一定要继续努力，继续寻找生命的意义，直到感动"上帝"。

——吉利控股集团董事长　李书福

东华要出一本名叫"意义"的书。光看书名好像不知所云，但是只要耐住性子认真品读书中的内容，你一定会觉得《意义》很有意义。

人是有生命的。企业像人一样也是有生命的。生命的意义何在？东华把这样一个人类的终极叩问作为逻辑主线，伏设在全书之中。然后，他把自己摆进去，像一位讲解改革开放最波澜壮阔岁月的解说员，把自己的所见所闻、所经所历、所思所想，用信手拈来的实证、案例、人物、心得，用充满正能量的价值取向，用神圣的使命感和责任心，生动地回答着他自己的设问。

这本书的文体可以归类到杂文。文章短小精练、要言不烦，既成体系又独立成篇；文字朴素直白，不饰辞藻，表述浅显但内涵深刻。作者的文风平易近人，谁看这本书，他就在和谁拉家常。

立德、立功、立言是古人讲的人生三不朽。立言为什么排在后面？是因为你要有长期积累的生活资本，没有这种资本就没有立言的资格。试问，没有几十年对生命酸甜苦辣的咀嚼，刘东华的话能说到点儿上吗？能说到理上吗？

孔子后人、唐初学士孔颖达是这样解释"立言"的：所谓立言就是"言得其要，理足可传"。《意义》的九章八十四篇所立之言便是这样。

——中国艺术研究院原院长　连辑

生而为人，我们穷尽一生都在思考各种不同的"意义"，成长的意义、家庭的意义、工作的意义、生命的意义、存在的意义，或许在某些时刻，也会觉得没有意义。

一千个人眼中有一千个哈姆雷特。思考事物的意义，建立在每个人建构的知识、价值、逻辑体系之上，是对事物由表及里的解构、甄别、归类和判断。不同的人对同一件事物，会思考出相同、相近或者截然相反的意义。但无论结果如何，思考"意义"这件事本身就十分有意义。

认识东华快三十年了，从改革开放风起云涌的 20 世纪九十年代掌舵《中国企业家》到后来创立中国企业家俱乐部、正和岛，他始终向全社会传递着中国企业家群体的崭新形象和积极能量。

多年来，东华笔耕不辍，思辨笃行、履践致远，始终在思考和探寻人生的意义所在。《意义》这本书是他的智慧结晶，他在书中以一位资深媒体人、企业家洞见者的角度，去冷静观察、整理、分析，以自己的心路历程为参照，有针对性地思考"意义"对自己的人生到底意味着什么，对更多人乃至整个社会意味着什么，力求帮助读者更加严肃认真地去审视、思考自己人生的意义。

大多数时候，平凡也许才是人生真正的意义。因为高尚是我们追求的人生目标，但要求人人都高尚却很难做到。每个人都可以平凡，把平凡的事做好，每个人都能变得伟大！平凡是真，平凡是伟大，或许这才是人生的普遍性意义。

言之有物，必有回响。希望东华这本书能带来启迪，引发思考。

——**通威集团董事局主席　刘汉元**

有意义的人生往往不在于收获，而在于让自己兴奋和满意的经历和感受，在于超越期待的目标的实现过程，因此，设定好目标和管理好自己的欲望是过有意义人生的基础。

——**东软集团创始人、董事长　刘积仁**

这本书从多视角、多层次对"意义"进行了直击本质的思考，发人深思！读后深受启发！在世界政治格局、科技竞争、经济发展充满不确定性的当下，很多人和组织都面临前所未有的挑战，而以认知大模型为标志的通用人工智能大潮为人类带来了前所未有的机遇。在焦虑、迷茫和兴奋中，如何"还判断力以应有的尊严"？"意义"正是生活和事业的指南针，让我们回归价值创造的根本，不忘初心，找到踏实前行的力量！

——**科大讯飞创始人、董事长　刘庆峰**

我和东华相识几十年，可以说是忘年之交。他坦率真诚，幽默机智。多年来，他为了弘扬企业家精神，做了大量的工作，赢得了不少好评。这本名为"意义"的书告诉人们，人总是要有点精神的，总是要追求人生的意义的，这样自己活得快乐，同时也能为社会创造价值。

——**中国加入世贸组织首席谈判代表、**
博鳌亚洲论坛原秘书长　龙永图

弗里德曼说，能让一个人行动起来的，只有三样东西——"爱、金钱和强制"。但可惜的是，这三样东西各有局限：爱，很难扩展；金钱，难免异化；强制，不能持续。而在这本书里，刘东华老师做了一项重要补充。能让我们行动起来的，还有第四样东西——"意义"。"意义"不仅可以扩展，而且没有边界；不仅不会异化和坍缩，而且会自我丰富和跃迁；不仅可以永续流传，而且可以从个体的支脉汇入文明的洪流。把这本书放在案头，可以让我们不断逼问自己：在我此刻的万千思绪中，那细如发丝但又不绝如缕的"意义"究竟是什么？

——得到 app 创始人　罗振宇

东华是我音乐上的知音！结识东华是缘于他多年前听我的音乐会，我至今还记得他在音乐会后表达的对我的赞赏和他激动的心情！此后多年里，他常常在各种场合用他特有的方式表达对我的夸奖。比如，有一次他神色庄重地指着我的琴盒问周边的朋友们："这是什么？"就在大家对这貌似简单而又深奥的问题面面相觑时，他用他那惯有的演讲者的神色和语气对大家说："吕思清的小提琴，就是一部可以随时拨通'上帝'的号码并且可以和'上帝'通话的电话机！"大家对他话中的含义心领神会，我听后也深受触动！我想，我应该付出更多、更大的努力，让这部"电话机"的电能更充沛，信号更通畅，让更多的听众可以在我的音乐中与"上帝"对话！

东华是我生活中的挚友！他好交朋友，他的朋友来自三教九流，遍及五湖四海！在从《中国企业家》到中国企业家俱乐部，再到正和岛的历程中，他的身边总是聚集着一批充满正能量的企业家朋友，这是一个他一直呼唤的、富有"企业家精神"的群体！我也因为他的关系结交了其中很多人，不但从中收获了很多让我心感温暖的友谊，也有机会用我的音乐感染他们，让这个支撑和推动社会发展的重要人群热爱音乐艺术，支持音乐事业发展！

我甚至认为，东华是我的同行！我用我的音乐感动人、抚慰人，东华用他的文字和演讲启发人、激励人！音乐是时间的艺术，一切都随着长短不一的音符转瞬即逝！而东华的演讲又何尝不是时间的艺术？我常常在各种场合被他激情澎湃、智慧而睿智的演讲所打动，此后每每回忆起来还觉得意犹未尽，但也常常感到回忆之于现场的能量衰减。作为音乐家，庆幸的是有唱片可以记录我的音乐瞬间，而东华的演讲呢？

好消息来了！汇集东华多年来的文章和演讲的精粹内容并定名为"意义"的一本书即将出版！在此我要恭喜东华："这是你的第一张专辑唱片！"我也内心快慰："我终于可以随时在文字里听到东华的演讲了！"书名定为"意义"，我更有内心共振：东华多年来的言谈、作为，在我看来都是被"意义"二字驱动的，简言之，他就是一个为"意义"而生的人！而我作为音乐家，也希望不断地用我手里这部"电话机"，执着地去探寻、表现、升华人生的"意义"！我愿与东华被引为同道！

期待东华的《意义》出版！

——小提琴家、青岛耶胡迪梅纽因学校校长　吕思清

M

对于平凡人，生活的意义是过程；对于伟大者，生活的意义是结果。

——文化学者　马未都

东华让我给他的新书《意义》写个推荐语，我正在思量，如何结合自己的感悟谈《意义》的意义。人生所见有意义的事很多，但能写进《意义》的

有意义的事也不是轻而易见的。碰巧遇见一件事对我触动很大，引发了我的思考，决定把此事与所思写给《意义》。

在深圳国际公益学院开学典礼上，一位来自西藏某公益基金会的盲人学员上台发言，讲述他登上珠峰的故事。不难想象，一个双目失明的人登上世界最高峰要比其他登山者承受多少更大更多的艰辛。毫无疑问，这是他人生最大的成功、最有意义的人生价值实现。然而，他却十分真诚地说："这不是我一个人的成功，是帮助我一起登顶的所有人共同的成功，没有他们，我绝对到不了顶峰。所以，我要感谢他们，并尽自己最大的努力帮助更多人成功。"

我细品这位盲人学员的话，觉得非常真实且有道理。在我们企业家队伍中，每位成功的企业家何尝不是如此呢？除了归功于他们自身的理念追求、冒险精神、艰苦拼搏，哪位的成功能离开许许多多的人的帮助、支持呢？创业的路充满艰辛，只有在改革开放的时代背景下，与众多的人站在一起，才能取得改变世界的成功。这个成功是集体的成功、时代的成功。因此，一个成功的企业家一定要认识这一点，以广阔的胸怀、更远大的视野去带领更多的人，帮助更多的人获得成功。这才是成功企业家人生意义所在。

当今世界正面临着气候危机、疫情"疤痕"、地缘冲突、经济低迷等种种挑战，每位企业家都应站得更高，看得更远，主动地履行社会责任，不仅为自己的企业、为股东、为员工负责，还要为更多利益相关者负责，为社会负责，为时代负责，勇于挑战，应对危机，创造奇迹，推动人类社会实现可持续发展。

此时此刻，我觉得一个成功企业家的真正意义在于，他不仅要努力办好企业，为社会提供好的产品和服务，还要尽自己的努力让这个世界更美好。

谨以对意义的一点儿感悟，写给期待的《意义》。

——招商银行前行长　马蔚华

如果有人问我："人活着的意义到底是什么？"我一般会用《大学》里的话来回答："大学之道，在明明德，在亲民，在止于至善。"也就是"内圣外王"。东华老师在本书中所讲的，正是在唤醒大家对自己生命意义的思考，让每个人找到自己拥有"意义感"的人生。

——方太集团董事长兼总裁　茅忠群

N

我在慈善事业中感到"快乐的大小看爱你的人数多少"，由此想到，意义大小可能与爱你的人数成正比，与恨你的人数成反比。小我谋生，大我共生。自己幸福是小成，共同幸福是大成。

东华这本《意义》的目的就是助人实现意义：比如，"你知道你是天才吗"，虽然不一定人人同意，但找到自己的"天才区"的确意义重大；又如，"一个人围着一件事转，最后全世界都可能围着你转；一个人围着全世界转，最后全世界都可能抛弃你"突出了聚焦的意义，当然，其前提也是找到"天才区"去发力。

——蒙牛乳业集团创始人　牛根生

P

生命的意义是一个解构人类存在的目的与价值的终极问题。与哲学不同，积极心理学认为，意义是我们的人心创造的。当两个看似毫不相干的事物之间建立起了联系时，意义就产生了。比如，当一个人为别人提供帮助时，他就与另一个生命建立了联系，于是意义就产生了。当我们感知到自身的存在与追求的目的产生联系的时候，我们体验到了生命价值感和人生完满感，意义感也就产生了。"积极心理学之父"马丁·塞利格曼说，意义感是通向幸福的道路。那些觉得自己的人生找到了意义的人，总体上对生活更满意，更能控制他们的人生，在工作中更投入，负面的情绪更少，其实也更健康些。诺贝尔经济学奖得主罗伯特·威廉·福格尔就认为我们生活的这个时代正在经历"第四次大觉醒"（The Fourth Great Awakening），而这个觉醒就是真正开始对意义的思考和追求。从这个角度，东华的《意义》是一本开风气之先的佳作，它发出新时代的呼唤：让我们的生活有更多的互动，让我们的世界有更多的合作，让我们的情感有更多的交汇，让我们的心灵有更多的沟通，意义就在我们产生的丰富多彩的联系之中！

——**清华大学社会科学学院院长　彭凯平**

Q

三十多年来，东华从媒体人到创业者，从在《中国企业家》坐而论道到成为中国企业家的知心人、共鸣人，自始至终的追求就是为企业家找到回家的路，找到灵魂的安放之处。在他看来，这就是追问人生的意义，而这个意义用通俗的话说就是每个人给自己定义的活下去的理由。这是企业家成功与财富的原点与终点，也是《意义》这本书的原点与终点。

——**清华大学文科资深教授、**
清华大学经济管理学院教授　钱颖一

生命在于运动，运动的基本形式是时空，就此而言，人生就是一种时空体验，而体验的钥匙在于感受力。感受力的丰厚和自身实践有关，和互动交流有关，和阅读思考有关。刘东华的《意义》让我们看到了商业世界里一个观察思考者执着而丰盈的身影。应该设想他是幸福的，幸福在于他对意义的永远求索。

——人文财经观察家、"秦朔朋友圈"发起人　秦朔

人大概是唯一一种能够给生命赋予"意义"的动物，无论它是亲情、友情、爱情，还是事业、财富、功名。"意义"不一定能创造物质富足，却足以让我们灵魂安定。这种"意义赋予"的能力，其实才是创造幸福的真正秘密。

——玄奘之路品牌创始人　曲向东

S

在我印象中，东华是那种讲实话、讲真话、讲白话的性情中人。这本《意义》贯穿了他几十年来对人生意义的追索，既是他观察社会的体会，也是他生活和事业实践的感悟，他用平实直白的语言记录和描述这一切，让读者能够沉浸在他笔下的场景和心境中，体会人生意义。东华近年来致力于正和岛的建设和发展，构建了一个有理想、有激情、有活力的企业家"伊甸园"。在正和岛，企业家编织着他们创业的故事，绽放着他们生命和思想的花朵。在正和岛，东华把他自己的人生意义和企业家的人生意义融为一体，把企业家的人生意义和社会大众的福祉融为一体。

——中国上市公司协会会长　宋志平

T

作为20世纪60年代初出生的人，我对"人生意义"的理解是"为人民服务""为中华民族之崛起"等。这些理念在教育和成长中，成为我生命意义的一部分。读研究生期间，又赶上硅谷计算机革命，当时的乔布斯、比尔·盖茨等创业英雄提出"改变世界的机器""让知识连接到每个桌面"这样振奋人心的口号，他们所讲的和我们当时的成长环境下对生命意义的理解有着某种共鸣。我在脑海里常把硅谷 101 公路的巨大广告牌上的"不同凡响"与广场上的"全世界人民团结起来"联系在一起。

在过去的 30 年里，从互联网、移动通信、云计算，到如今，整个行业似乎又被"生成式人工智能"重新组合。如果说人类文明的进步、中华民族的奋斗都旨在让更多人过上好的生活，那么每次技术革命带来的进步可以被看作"为人民服务"的重要组成部分：工业革命解放了人的体力，信息技术与人工智能则正在解放人的脑力。这些技术的创新和发展，为人类创造了更广阔的空间和更美好的未来。

"民族复兴"是中国企业家获得幸福和意义感的来源，企业则为实现这些意义提供了一个载体。企业与企业家是近代中国的产物，但它们的精神源泉可以追溯到中国历史中"士"的精神，"士不可以不弘毅，任重而道远"。东华兄这本书就是从意义的角度，观察并激励了这几十年中国企业与企业家们对"士"的精神的延续与实践。

在今天这个充满机遇与挑战的时代，生成式人工智能浪潮正以不可阻挡的势头奔涌而来，"数字经济"正在成为中国高质量发展的方向。我们在成长、创业过程中所积累的精神食粮和对生命意义的理解将更加坚定我们探索和征服"数字经济"海洋的信心与决心。

——亚信集团联合创始人　田溯宁

东华兄新作《意义》即将出版是件令人高兴的事，恰如一颗种子撒入大地，经年累月，长成大树，到了开花结果的时候，人们可以闻其香，尝其果。不仅如此，还会生出新的种子，循环往复，生生不息，为大千世界增添光彩。

我与东华兄相识相知于 2000 年筹办亚布力中国企业家论坛时，他作为《中国企业家》的社长，应邀前来出谋划策，记得他当时出了许多好的主意。东华兄对不少中国南北方企业家的个人特点如数家珍，是一个醉心于企业家宣传事业的新闻人。

东华兄在我的印象中是一位激情澎湃的人，他对企业家群体有着非常深入的研究，每次会议，只要他起立发言，讲到企业家责任、社会价值，等等，他没有长篇大论，但必有慷慨激昂、令人回味良久的金玉良言，他是许多企业家的好友，是企业家群体的代言人，是研究企业家的思想家。

有相当一段时间他都在思索如何使自己的生涯与企业家服务更加牢固地结合起来，他与我进行过非常深入的探讨。由于在杂志社无法实现他的梦想，经过长时间的酝酿与思考，他终于迈出了很多人难以想象的大胆一步，离开苦心经营多年的《中国企业家》，下海创办了以全方位服务企业家为己任的"正和岛"。从此，这位极具企业家才华的新闻人自己成为一名地地道道的企业家，将企业家服务做成新的商业模式，开启了朝着梦想大步流星往前奔的企业家人生。在这个领域里，几乎没有人可以与他相比。即使与当年那个到处为企业家这个群体呐喊的新闻人身份相比，他也开辟了一个新的领域，自成一体地打造了新型企业家服务业务。从那以后每次见到他，都能听到他在企业家服务产品方面新的设计与成就。在社会上，也经常听到企业家朋友参加正和岛活动、作为岛民的收益与收获。

由宣传企业家的知名媒体人到自己华丽转身成为服务企业家的企业的创始人，东华兄从虚到实，完成了自身的升华。这本《意义》出版，让我们从中学习东华兄丰富的企业家研究思想，探知他的内心世界，领略他成长路上的风景，相信大家一定会不断地产生思想与感悟的共鸣。期待这本书早日面世，相信企业家朋友们会喜欢这本书中的思想，如同亚布力中国企业家论坛的理念一样，我们都相信，"思想改变世界"。

——亚布力中国企业家论坛创始人、主席，

元明资本创始合伙人，迈胜医疗集团董事长　田源

W

人生有什么意义？人生没有意义，人生没有意义，人生没有意义！人生当然是没有意义的。这是我的思考，也是我的结论。但任何话换了场景，换了人，就是另外一回事了。比如刘东华先生，当他在询问人生是否有意义的时候，我们似乎会看见一个圆乎乎的，永远亢奋，永远激越，永远有劲，永远有好奇心，永远充满荷尔蒙，永远铿锵，永远在行动，永远走在通向什么的路上的人，这种人，即便问出来"人生有什么意义"这种应在静默中思考的话，也都是带着语调，带着手势，带着表情的。我想象一下啊。场景一：清晨，嘈杂的市井，遛狗的、卖早点的、骑车的、跑步的……刘先生坐在车里看着人群从他周边闪过，他突然想问，这些人知不知道人生的意义？场景二：某高山大河的旁边，刘先生笔直地站着，左手托着肾，右手微抬，定住，下颚向 45 度方向扬起，半眯着眼，半晌轻轻呼出一口气，叹道，"人生有什么意义啊"。场景三：硕大的宴会厅里哗哗哗的掌声，刘先生急步登台，刚想张口铿锵一下，突然语塞，内心自问"人生有什么意义？"。场景四：会议室里开会的下属齐至，并且打开了本子，把笔帽也摘掉了，齐刷刷地看向刘先生，刘先生说，"今天我不想谈下半年的计划，想问问大家，你们怎么思考人生的意义……"。场景五……哎哟算了，我就别在这儿瞎想了，回头再给刘先生惹急眼了就不好了。刘先生写这本书，大概率是完成了人生本无意义，但追索无意义的人生的意义本身成了意义这件事。当然，这也是我臆想的。好多好多年前，一个叫苏东坡的老人快要走了，旁边的亲人、高僧都劝他不要忘记前往西方极乐世界，而苏东坡微微张开眼说，"着力即差"。

——**编剧、导演　王潮歌**

这是一部在某种意义上超越《史记》之《货殖列传》的书。

第一个超越，是时代的超越。

历史学家翦伯赞曾评价司马迁"以锐利的眼光，注视着社会经济方面，而写成其有名的《货殖列传》"。

同样是记述一段经济发展的历史，《货殖列传》只提出了追求财富的合理性，而东华老师的书则将中国改革开放40多年来企业家创造财富的史实、史料与史观相结合，给今天的人们（包括但不限于商界人士）更多、更深入的思考。

在"道"的层面，他提出了"是非"高于"成败"的理念，提出了"因果"的八个阶段——有因无果、大因小果、多因一果、初成正果、小因大果、一因多果、无因有果、终成正果。在史论结合中，其论种种，高屋建瓴，富有哲思。

在"术"的层面，书中《漫漫取经路》等篇，颗颗珍贵，篇篇实用。

第二个超越，是视界的超越。

此书从国内的企业家到国外的巴菲特，从"新教伦理"到菩提伽耶树下的佛教教义，从古代到现代，旁征博引，思绪飞扬且文笔流畅，信手拈来。

第三个超越，是读者受益面的超越。

此书语言平实但思想深邃，细细读来，深深受教。

如东华认为，"幸福感"来自"被需要""被爱"与"被尊敬"；人要学会"输出"，但更要学会"输入"，因为输出的时间多了，用来输入的时间就会很少，"长时间地出多入少，一个人就可能贫乏起来，思维变得狭隘起来"。

又如在谈到怎样"敬畏生命"时，东华略带伤感地写道："进餐馆吃饭，一进门看到水池里等待食客挑选的生猛鱼类，有时难免生出恻隐之心……但是我终于没有在餐馆买鱼去放生，今天我的菜单上也仍然会有各种各样的鱼类。这是因为当我在内心'挣扎'着与鱼类进行了一场认真的'对话'之后，得出的结论既残忍又理性：残忍在于我们的一切食物几乎都是生命……因此只要我们自己的生命还要存续，我们就必须从其他千千万万的生命中获取能量，就无法逃避'残害'其他生命的'罪孽'；理性在于别无选择并不等于心安理得，既然其他生命不可避免地要成为我们生命能量的来源和支撑，我们就应该怀着一颗感恩的心，尊重这些生命，善待这些生命，尽最大努力对得起这些生命，回报这些生命。"

看着这段描述，我看到了一个大写的"人"，伟岸而慈悲，我看到了一颗真实的心怎样从生活的琐碎中走向庄严……

我相信每一位读者都能在这本书中看到生命中的每一天应该怎样过，每一步应该怎样走，怎样"确立一个高远的人生目标，以苦为乐、排除万难，长期坚持做正确的、有价值的事情，每个人的生命都可能无限精彩！"。

**——正和岛首席经济学家，中国民主促进会中央经济委员会第十一届、
十二届、十三届副主任　王林**

尼采说，每一个不曾起舞的日子，都是对生命的辜负。

认识东华近 20 年，他的每一次转身、转型都是一次华丽而勇敢的起舞。我想，这大概也是他用行动对"意义"展开的探索。

从这种意义上说，今天东华的《意义》弥足珍贵。

《意义》，是对那些起舞者的生命奖赏。

——天泰集团创始人、中国企业家俱乐部理事长　王若雄

和东华相识，是在他担任《中国企业家》社长期间。后来多少让我有些意外的是，他在杂志影响力正大的时候选择离开，转身开始创业，探寻人生的全新意义。

还清楚地记得在 2007 年，东华所领导的中国企业领袖年会授予我"终身成就奖"。获此荣誉，倍感荣幸！

怎想到第二年（2008 年），年初的"拐点论"和接踵而至的"捐款门"让我的个人声誉跌到谷底，万科经营也遭到了危机。讥讽、谴责、谩骂铺天盖地。网上调侃我"虽然王十元登上了珠峰，但道德高度还没有坟头高"。自 1983 年只身一人到深圳创业，这还是第一次感到自己如此孤独，犹如置身惊涛骇浪中的一叶扁舟。难道追求的人生意义和价值错了吗？！整个价值系统行将崩溃，我开始痛苦地重新认识自己在这个社会的位置。

2011 年，我只身一人到哈佛访学。之后前往剑桥、牛津、希伯来大学等学府，一直到疫情发生。60 岁重新上大学，最主要的动因就来自对 2008 年道德危机的反思和求解。我希望通过访学深入了解诞生现代企业的西方文明，重新认识个人与社会的关系，重新确立自己作为中国现代企业家的社会位置和担当。

疫情期间的 2021 年年末，我发起"全球百座运河城市赛艇穿越行动"，通过在运河上划赛艇，与全球不同城市的大学、研究机构、当地居民一起，倡导并推动运动健康、低碳环保和水环境保护理念。

进入 2022 年，病毒依然肆虐、俄乌冲突爆发，原计划两年时间完成 100 座城市的穿越，却仅一年时间就穿越了 18 个国家、123 个城市。之所以大大提前完成目标，是因为行动得到所到国家和城市的积极响应和参与，场面气氛之热烈和真情令人动容。

再次回顾 2008 年，不禁感慨万千。曾在惊涛骇浪中饱受冲击的一叶扁舟如今已是在世界的大江大河中乘风破浪的赛艇船队，可谓"沉舟侧畔千帆过，病树前头万木春"。

面对当下的周期调整，有人悲观，有人乐观。而从全球化的角度来看，中国企业发展的全球化才刚刚开始。悲观有悲观的做法，乐观有乐观的做法，其结果一定是不同的。反思自己、认知自己，重新确立新的人生目标，重新思考生命的意义，正当其时。

——万科创始人　王石

本书将从不同的生命体验出发，告诉你人生的意义何在。有人问我人生的意义是什么，我理解就是自我成长和造福他人。做一件从无到有、从小到大的事，而这件事有益社会，造福他人，并成就自己，这就是人生的价值和意义。我人生中最重要的一件事就是创办了华泰保险，并伴随其成长26年。

——华泰保险创始人　王梓木

从《中国企业家》到正和岛，东华为中国企业家群体打造了一个信任联结与互学互助的平台，在这个平台上我收获很大。他说自己是"无知之勇"，我感受到的却是"勇者不惧"。如今，他将自己这么多年在一线的心得体会串联成线，让一颗颗明珠成为一串熠熠生辉的项链，实在可喜可贺！拿到《意义》手稿时，我几乎是一口气就读完了。"自我与超越、欲望与边界、当下与永恒、孤独与荣耀、是非与成败、富有与高贵、梦想与现实、死穴与法门、内圣与外王"，章章节节都包含着东华对"意义"的深入思考，既有感性观察所见，也有理性实践所悟。我认为，这是一部奉献给善思者的作品，对当下很多人来说，能帮助大家静下心来去思考意义本身就是一件很有意义的事情。

"企业家是一种生活方式""真正的企业家，都是通过商业的价值创造追求生命意义和生命价值最大化的人"。作为一个连续创业40多年的老兵，在漫长创业路中，我一直在思考很多问题。正如东华的"人生经典四问"那样，在每个不同的阶段，我也会问自己：我创业的意义是什么？我到底能创造什么样的价值？我所创造的价值是被需要的吗？我能持续创造价值吗？但无论答案是什么，归根结底还是"意义"二字。

积极的心态像太阳，照到哪里哪里亮。回到自身，创业路上，心态始终是第一位的。《意义》这本书就有不少关于心态的阐述，有很多如"看人看事总是能看到积极美好的一面，而对那些不够好的地方，则看作自己生命的意义和努力的方向之所在"这样的金句；也有不少经历过历史验证的经典案例发人深省，让身处大周期下的企业家可以用从容的心态"和未来谈恋爱"。鞭辟入里的分析，通贯古今的探求，融通中外的观察，我相信读完这本书，大家会真心地喜欢它。

作为中国顶尖的媒体人和成功的企业家，东华在理解企业家方面有着得天独厚的优势，他如同"两栖动物"那样，上岸能跑，下海能游。这本书就很好地为我们展现了中国企业家群体的画像，段永平、柳传志、张瑞敏、李东生、雷军等优秀的企业家在他的笔下变得鲜活生动。我认为，这是一部奉献给行动派的作品，东华向读者展示了何为奋斗之美、拼搏之乐。

正如书中所说的那样，"通过走正道追求成功，也许是一条无比艰辛和漫长的道路，却是唯一一条能够让成功承载意义和幸福的道路"。与其在彷徨中等待，不如把伟大交给过程，一步一个脚印地在迈向伟大的进程中去体会生命的意义。而我辈一直在路上。

你相信什么，就会有什么样的人生。

——五星控股集团有限公司董事长　汪建国

X

和东华兄是多年老友，读《意义》这本书让我心有感触。

意义是终极的人生命题，每个人的心中都有独到的答案，东华兄用他的多维视角给予了不一样的呈现。《意义》是一本值得经常翻阅的好书！

一题或有百解，人生时存殊途。探索意义也是我们对心灵的探寻和对生命的参悟，那些曾经渴求的生命的波澜终究会化作内心的从容与淡然。

这本书中所阐述的诸多观点都值得阅读者深思，非常具有借鉴意义。读《意义》非常有意义，愿我们在探寻"意义"的旅程中，跨越认知的极限，畅享生命的荣光。

——依文集团董事长　夏华

意义在人类生活中扮演着重要的角色，它代表着人的认知，决定着人的选择。《道德经》云"知止不殆"，窃以为做到知止便在于明了意义。东华的这本著作是他对"意义"的探索与思考，更是他的实践与感悟。他是我认识的人中最富有激情的人，我想这便是由于他对自己人生意义的笃定吧。

——中关村龙门投资董事长　徐井宏

与东华相识 35 年，虽殊途但曾同行于朝圣之路，心无旁骛。读到东华思考"成功与财富的原点与终点"之《意义》一书，不禁大喜：这不正是柏拉图"灵魂三问"的现代中国版答案吗！中国自实行改革开放已近半个世纪了，亿万人的命运都在改变，有志者无不在追求成功之道。然而成功的意义、失败的意义、财富的意义、幸福的意义、痛苦的意义、探求的意义是什么，总之生命的意义是什么？每一个人都在思考，每一个人都在编织属于自己的故事。那么，我们就从这本书中获得启示和灵感，再把自己的故事和意义记录下来吧。这些就是你丰盈的精神，你的"圣经"，可以留给自己，留给社会，留给子子孙孙。

——南都公益基金会名誉理事长　徐永光

从办《中国企业家》杂志到管理中国企业家俱乐部和正和岛，东华的职业生命是与许多企业人相伴共生的生命，是为自己和中国企业人努力探寻意义的生命。多年来东华看到了身边太多企业人的起起落落，同欢欣，共悲苦，他的思想和情感集成的《意义》，是一本有意义的书。

思考意义，是哲学和宗教的专业。当我们认真追索生命的意义，层层上升，终会被引向由哲学和宗教启示与认知所建构的信仰的世界。马克斯·韦伯将西方企业人定义在"心给上帝，手给工作"的新教伦理上，这是基于其精神传统：上帝是造物主，上帝以自己的形象创造了人，人的本质是造物者，通过创造－秩序－公义与爱，战胜无处不在的虚无与死亡，带来美好的世界。西方企业人有自己的意义传统，那中国企业人的意义呢？这正是《意义》探寻的方向，这艰辛探寻的结果将会是什么？

——**学者　杨鹏**

东华追问人生的意义、企业的意义，希望做有意义的事情。难得的是，他的追问和工作不但很有意义，同时也很有意思。我一向认为，对大多数人来说，活得有意思可能比有意义更重要，尤其是在人工智能即将取代许多工种的时代。

——**厦门大学人文与艺术高等研究院院长　易中天**

Z

东华老友的《意义》是一本值得放在案头的好书，其意义就在于可以经常提醒阅读者：未经审视的人生不值得度过。

——**海尔集团创始人、董事局名誉主席　张瑞敏**

东华是我相识二十多年的老朋友了，从不满四十岁时相识，到今日我们都已年逾花甲。印象中他好像一直没有变，正如这本通篇都是"永恒""高贵""超越""荣耀"等严肃大词的《意义》；兴致盎然、激情澎湃是他的标签，难得的是能做到几十年一以贯之。

东华曾提出"先问是非，再论成败"，引发了中国企业家群体对价值和意义的讨论。当年的《中国企业家》记录了改革开放以来市场经济大潮中数代弄潮儿跌宕起伏的人生故事，激励了无数后来者前赴后继，英雄辈出。

汉娜·阿伦特曾在她晚年的随笔集《过去与未来之间》中引用托克维克的一句话："由于过去不再把它的光芒照向未来，人们的心灵在晦暗中游荡。"接着她又写道："就如同每个新人都要让自身切入到一个无限过去和一个无限未来那样，每一代人都必须重新发现和开辟自己的道路。"希望东华这本由过去思考沉淀形成的书，能帮助到未来的创业者们。

——思益学校校长　张树新

刘东华是一个充满激情和活力的人。他的激情来自对时代的认知，来自他对生命意义的追求。从企业家精神的守护者、倡导者变成一个创业者、企业家，他总是在超越自己，完善人生，做真正的自己。这本书里讲的故事包含着哲理，在当下这个时代，读一读很有意义。

——北京大学国家发展研究院经济学教授　张维迎

东华从《经济日报》到《中国企业家》，再到创办正和岛，初心不改，持续奋斗，30多年来笔耕不辍。他真的是在用心去见证、挖掘、感悟、宣传，更重要的是亲身践行伟大的中国企业家精神。一代代中国企业家在创新创业的人生修炼中，怀着感恩和敬畏之心，通过价值创造，努力定位、领悟、体验、追求生命的意义。这本书旨在"帮助明天必将成功的人",特别推荐给对人生有追求、对创业有理想的年轻朋友们,这些哲理思辨、直击心灵的文字能启迪爱与智慧,让你们更加坚定地拥抱未来。

东华让我写几句对生命意义的独特理解,我就写三句吧。人生是一场修行,一切都可能发生,但一切终将过去。当好人,干正事,有原则,守底线。心中有春天,人生充满阳光。

——物美集团创始人　张文中

东华是媒体人,也是创业者。他一向自谦"服务企业家",默默耕耘,把几十年来的观察、思考和体验汇集成册,实则展现了经济高速发展时期的一个侧面,这是实体的"意义"。

书中所思所写,提出的是企业、企业家以及每个个体都要面对的重要课题:为何创造价值?怎样创造价值?如何活出意义?活出怎样的意义?这是重锤敲击的终极"意义"。

身处巨大变革的时代,东华的表达清晰而真切,在不确定的环境下,唯有一样是确定不变的,那就是:一直在路上,一直在思考,探索各种意义的可能性。

——海底捞国际控股公司董事长　张勇

因为《意义》这本书,东华让我谈谈怎样看待"人生的意义",这确实是我经常思考的问题。虽然每个人都可以定义不同的意义,有一千种、一万种定义方式,但万变不离其宗,如果你做的这件事能够让你爱的人高兴,让你的父母、亲友自豪,那就是最基本的意义。

意义这个词本身是中性的，要说"伟大的意义"就是另一回事了。这种意义一定要通过给更多人，广一点儿说是给全社会，更广一点儿说是给我们的子孙后代创造价值来体现。

在中国的传统文化里，"流芳百世"往往会成为人们追求的一种意义。流芳百世本来是一种结果，就是说因为为社会、为子孙做了了不起的贡献很自然地就流芳百世了。如果把它作为我们人生追求的目标和意义，人就会变得复杂起来，反而没那么纯粹了，也很难从中得到快乐。

近年来心理学界有一个重大发现：不能让自己快乐的人，就不会真正地造福他人，也不会让别人快乐。也就是说，让自己快乐是造福他人和让别人快乐的前提。我感觉自己是很符合这个说法的，因为我总是力图使自己在精神上很快乐。而让自己真正快乐、持续快乐的方式，我的体会就是要确定一件自己热爱又能够造福广大人群、造福子孙后代的事情，一心一意、倾其一生做下去。比如我过去 20 多年有 90% 的时间在搞技术创新，从非电空调到"活楼建筑"，再到铝合金风电，分秒必争地干这些事。就因为我干的全是节能减排、造福子孙的事，所以并不特别在乎我的创新成果能否很快变成商业上的成功，甚至也不在乎是否会给我带来赞赏和荣誉，最大的奖赏反而是自己每天都很充实、很快乐，每天活得都很有意义感，什么时候都不怕失去，什么时候都不会迷茫，遇到困难也不会觉得困难，乃至遇到很大的挫折与失败的时候、遇到误解和伤害的时候也不会觉得很难受，就因为我想的是未来 100 年、500 年、1000 年的事。

一个人有了一定的社会地位，像企业家有了一定的支配权，你做的事情就不应该局限于只为当下、只为一小群人，而应该着眼于人类的未来，做一些更有价值、更有意义的事情。当然在不同的年代，我们即使做的是同一件事情，用的是同样的做法，它代表的也可能是截然不同的意义，甚至是完全相反的意义。在稀缺年代，你高效甚至高成本创造物质产品是巨大的意义；而到了过剩年代，创造力、生产力特别旺盛的年代，你能节约资源，减少各种污染，减轻对环境、对子孙后代的伤害，那才是最大的意义。如果选对了这样的事情，你成功与不成功对你都是有意义的，你被理解或不被理解都不会影响你的快乐。遗憾的是，用这个标准衡量的话，能过关的企业家并不多，甚至很多人已经把企业做得很大了，却并未认真思考过自己的企业本质上在对社会输出什么、能给后人留下什么，并未真正想清楚自己做人、做企业的真正意义。如此，自己找不到精神上的快乐也很难给别人带来快乐就没什么奇怪的了。

我还注意到一种倾向，就是人为地把意义与成功对立起来，比如我不止一次听到人说，40岁以前追求成功，40岁以后追求意义。其实追求成功与追求意义不但是可以同步的，而且意义本来就是为成功提供方向和动力的。不管你在哪个年龄段，也不管你有多大能力，从给自己所爱的少数人带来价值和快乐开始，到有机会给越来越多的人带来价值和快乐，直到有可能给全社会和子孙后代带来价值和快乐，我认为这个过程自始至终都是有意义的，不管此生能走到哪一步，自己都可以是快乐的，都是对得起自己也对得起别人的。

可以说，能够让每个人的生命无愧亦无憾的，唯有"意义"。

——远大集团总裁　张跃

刘东华是一个要把生命活出纯粹的人物！跟他神交这么多年，他不但没有内卷，反而日益清纯。我这样识他缘于我也是这种人！做着一份并不以营利为目的的事业却可以始终充满激情，自己的身心被自己的当下激励，跟他接触的同时又被他的真诚所鼓舞！

我一直把有理想的人视为高贵，刘东华有着令人信服的理想。当下很多名流不断发表人生并无意义的高论，而刘东华正在把人生扎实地活出意义！

中国的企业家群体刚刚过了青春期，很多方面尚未成熟。在信息和市场充分开放的时代，无论是科学管理知识还是企业家素养都面临高压式成长要求。刘东华用生命投入选择的并非舞台中央也不是聚光灯下的事业，他发出呼号带领同道者站在舞台的正下方，挺起腰杆化身支柱。

正和岛作为一家服务机构，从来没有把企业家当成客户，而是当作家中的顶梁柱，刘东华和团队尽职尽责打造了这个没有围墙的大家庭，给成长中的国家栋梁们创造沟通、交互学习的道场。我亲身参与了其中的部分过程，感受到了企业家们成长的喜悦、亲情般的温暖！

服务于企业家群体并非易事，一方面企业家都是植根深土的务实人物，还拥有丰富、切实的经验与各种专业院校的培训基础；另一方面很多人身披功成名就的光环，而且对未来抱持高远期许！提供令企业家继续进步的机缘，帮助企业家突破前进中的困惑，不断培育企业家精神，提升他们的社会责任感，这是一项艰巨、伟大的使命。

手上这本书是刘东华投入这项事业多年的探索、感悟的点滴记录，从中我们可以领略他那智慧、单纯的心肠！其中主题丰富，毫不空泛，都是格物致知的境界追求！我反复认真阅读，不仅从内容中受益，也深深被他的人品打动！

我很少替人宣传作品，而这次我是在向读者报告自己的收获！

——翰澜书院创始人　张肇麟

现代经济最重要的基础是企业。没有现代企业，就谈不到现代化。我认识的刘东华，多少年来一直坚持服务企业，特别是服务于中国企业现代化进程中的经验提炼、归纳、传播与交流分享。他以此为志业，也从中找到了极为特别的人生意义。

——北京大学国家发展研究院经济学教授 周其仁

东华的书提出了一个重要的哲学命题：意义是成功与财富的起点与终点。这是一个意味深远的探讨。人类总在不断探寻物理世界的意义，从宇宙到粒子；也在不断追索社会的意义，从群体到个体；更在不断叩问生命的意义，从出生到死亡。和东华走一程意义的探索旅程，千回百转，并由此定义自己人生的意义，甚是愉悦。

——中国国际经济交流中心副理事长、
国际货币基金组织前副总裁 朱民